JN434843

정치학자 열전

학문과 참정의 삶

정치학자 열전

학문과 참정의 삶

발행일 2017년 09월 01일 **발행인** 오덕성 **지은이** 이계희
펴낸곳 충남대학교출판문화원 **주소** 대전광역시 유성구 대학로 99
전화 042-821-6045 **홈페이지** www.cnupress.co.kr **E-mail** cnupress@cnu.ac.kr

ISBN 978-89-7599-637-5 03340
정가 14,000원

이 책의 내용을 사용하려면 반드시 저자와 충남대학교출판문화원의 동의를 얻어야 합니다.
잘못 만들어진 책은 구입하신 서점에서 교환하여 드립니다.

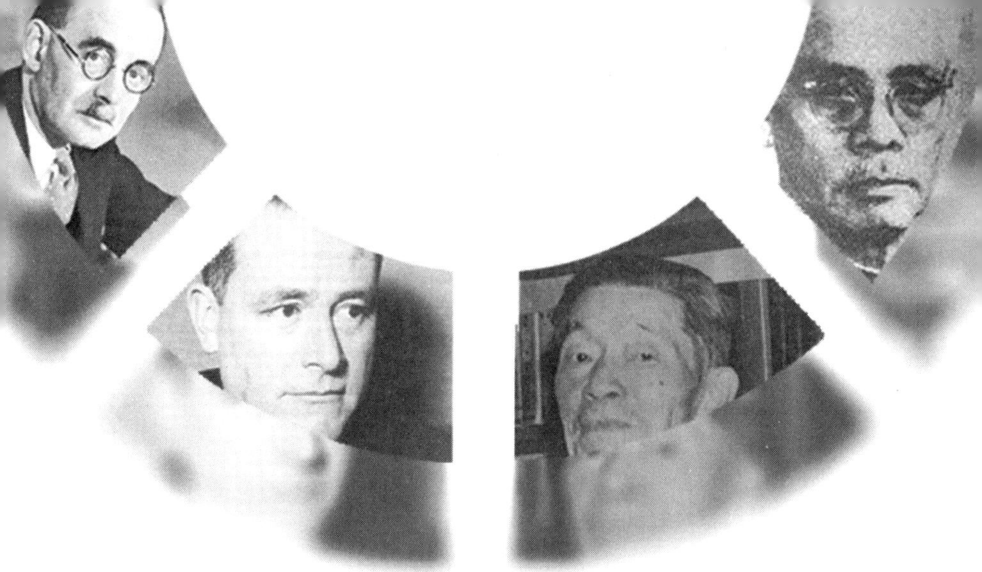

정치학자 열전

학문과 참정의 삶

이계희

충남대학교출판문화원

머리말

이 책은 여덟 사람의 현대 정치학자들에 관한 간략한 집합적 평전이다. 여기서 다룬 정치학자들은 어떤 특별한 기준을 가지고 선정한 것은 아니지만 국가와 지역, 사상과 이념적 입장, 그리고 전공분야와 연구방법 등을 폭넓게 대표할 수 있는 인물들이다. 이를테면 여덟 명 중에는 미국인이 두 사람, 영국인 프랑스인 독일인이 각각 한 사람 씩 포함되었고, 중국의 초창기 정치학자 세 사람이 들어있다. 그들 가운데에는 이념적으로 좌파도 우파도 중도파도 있으며, 전공별로 보면 정치사상 비교정치 정치사회학 국제정치 분야를 전공하는 학자들이, 그리고 주된 연구방법으로 역사학적 철학적 사회학적 법학적 방법을 취하는 학자들이 다 들어있다.

이 집합적 평전은 본격적인 전기연구 보다는 20세기를 대표할만한 정치학자들의 학문적 정치적 활동에 관한 개괄적 소개와 보다 충실한 연구를 돕기 위한 안내를 목적으로 한다. 그러므로 여기서는 개별적 인물에 관한 새로운 자료의 발굴과 독창적인 해석을 시도하지는 않고 여러 인물들에 관한 기존의 전기적 연구들을 참고하여 종합하고 정리하는 수준의 작업에 제한하기로 한다. 이 책의 내용은 한마디로 정치학자들의 삶을 통해서 구현되는 정치학과 정치에 관한 이야기이다. 그러한 이야기들을 관통하는 주제는 저자가 지속적으로 관심을 가지고 추구해온 정치학과 정치의 관계이며 또한 '사람 공부'로서의 사회과학이다. 이러한 집합적 평전은 그러한 주제에 대한 비교적 이해의 장점을 살릴 수 있을 것으로 기대된다.

전기적 연구는 역사학에서 뿐만이 아니라 사회과학에서도 중요한 위치를 차지하고 있다. 전기적 연구의 의의를 강조하는 사람들은 역사적 사건이나 사회적 문제들이 사람에 의해서 이루어지고 사람의 문제가 개입된다는 점을 환기시켜준다, 또 그들은 사회정치 사상이나 이론도 사상가나 학자의 개인적 삶의 이야기와 연관시켜 이해할 때 더욱 생동감 있고 심층에 접근할 수 있다고 주장한다. 미국 하버드대학 역사학 교수로 역대 미국 대통령들의 전기 시리즈 편집 책임을 맡았던 슐레진저(Arthur Schlesinger Jr.)는 전기가 역사보다 더 인간적으로, 보다 더 생생하고 친근하게 우리의 생활과 연결된다고 말했다. 전기는 역사상의 영웅들이나 강력했던 권력자 또는 위대한 사상가나 철학자도 한 사람의 인간임을 들어내 보여준다.

현대 중국 사회학의 아버지라고 일컬어지는 페이샤오퉁(費孝通)은 그의 학문적 정치적 인생을 회고하는 글 속에서 사회만 열심히 연구다 보니 뒤늦게 사회라는 것이 결국은 사람들의 삶이라는 것을 깨닫고 새삼 사회 속의 사람을 발견하게 됐다고 고백했다. 공감이 가는 말이다. 사회과학도 역시 사람에 관한 학문이며 사람공부라고 생각한다.

정치학은 그야말로 정치적인 학문이다. 그래서 정치학자는 특별한 정치사회적 존재이다. 『논어(論語)』가 동양적 지혜의 정수를 담고 있는 최고의 고전이라는 점은 공인된 사실이다. 논어는 정치학의 최고 고전 중 하나이다. 그 책 속에는 공자의 제자들이 대화 가운데 학문과 참정에 관해서 언급하는 내용이 있다. "정치에 참여하면서 여력이 있으면 학문을 하고, 학문하다가 여력이 생기면 정치에 참여한다(仕而優則學, 學而優則仕)"는 자하(子夏)의 말은 자주 인용되는 명구다. 그 말 속에는 인격 수양으로서의 학문과 정치사회적 봉사로서의 참정, 즉 '수기(修己)'와 '치인(治人)'이 지식인의 삶을 통해서 통일적으로 구현된다고 보는 동양적 철인정치 또는 현인통치 사상이 담겨있다. 이런 전통에 비추어 보면 정치학과 정치는 구분되지 않는다. 넓은 의미로 말하면 정치학을 연구하고 가르치는 것 또한 정치인 것이다.

그런데 서양의 경우는 종교와 과학 국가와 대학 간의 분리와 대립을 경험한 역사적 배경 때문에 학문과 정치를 독립적인 분업의 관점에서 이해하려는 경향이 있다. 그러한 전통에 비추어 보면 학문주의와 참여주의 순수파와 행동파 간 토론의 여지가 존재한다. 학문과 정치의 '전문화'를 강조한 막스 베버(Max Weber) 역시 그러한 전통 속에 있다. 그의 두 저서 『직업으로서의 학문(Wissenschaft als Beruf)』과 『직업으로서의 정치(Politik als Beruf)』는 잘 알려진 사회과학의 고전이다. 여기서 우리말 '직업'으로 번역된 독일어 Beruf는 보다 정확하게 옮기면 '소명'이며 영어로는 vocation으로 번역된다. 아무튼 막스 베버는 학문의 세계와 정치의 세계를 엄격히 구별하고 학자의 참정을 경계했다. 그는 교수가 강의실에서 예언자나 선동가처럼 행동해서는 안 된다고 했다. 또 훌륭한 학자나 교수의 자질과 훌륭한 정치가의 자질은 별개라고도 했다. 그는 문제의 해답을 제시하는 것이 학문의 역할은 아니라고 보았다. 그 대신 그는 전문적인 정치인에 대한 기대를 가지고 있었다. 그는 전문적인 정치인 즉 직업적 정치인의 두 가지 유형을 구분했다. '정치를 위해서(für die Politik)' 사는 사람과 '정치에 의해서(von der Politik)' 사는 사람이 그것이다. 다시 말해서 막스 베버는 소명으로 정치에 종사하는 봉사형 정치인과 직업으로 정치에 종사하는 생계형 정치인을 구분했다. 물론 막스 베버가 기대를 거는 전문적 정치인은 전자 봉사형 정치인이다.

막스 베버가 그 말을 할 때는 그가 타계하기 한 해 전이었다. 그의 그 말은 그가 사회과학자로서의 일생을 결산하면서 후학들에게 남긴 마지막 유언과도 같은 것이었다. 당시 독일은 1차 세계대전의 패전국가로서 굴욕감과 좌절감에 빠져 있었고 새로운 민주공화제의 정치적 실험 중에 정치사회적 혼란과 위기감이 팽배해 있던 상황이었다. 정치와 정치지도자에 대한 기대와 실망감이 극단으로 교차되는 가운데 정치는 더러운 일이고 정치인은 나쁜 사람들이라는 부정적 인식과 혐오감이 만연돼있던 시대에 그래도 그는 정치에 대한 희망을 말하고 소명의식을 가진 전문 정치인에 대한 기대를 피력했던 것이다. 막스 베버는 무책임한 선동가 정치인의 등장을 경고했다. 그의 우려는 불과 10년 뒤에 히틀러의 등장으로 현실이 됐다.

막스 베버가 정치학자 또는 사회과학자의 역할과 정치가의 역할을 엄격히 구분하려고 한 것은 그가 살았던 당시의 시대적 상황에서는 어느 때 보다도 정치인의 책임윤리의 덕목이 강조될 수밖에 없었기 때문이다. 그러한 책임윤리는 투철한 소명감으로 뒷받침되어야만 지켜질 수 있는 것이다. 그가 보기에 사회과학자나 정치학자는 객관적이고 중립적인 판단력과 민주적 충성심을 갖춘 장점이 있지만 절망적인 현실에 맞서면서 모든 결과에 대해서 책임을 질 용기를 가지고 돌파하려는 의지는 부족하다고 보았을지 모른다. 막스 베버는 다만 사회과학자나 정치학자가 이상적인 이론의 세계에서 몸과 눈을 낮추어 직접 천박하고 야비하기까지 한 현실 정치의 세계로 내려오기가 쉽지 않음을 말했을 뿐이다. 또 그는 다만 지식만으로는 자칫 잘못하면 나쁜 권력의 부역자로 타락하거나 단순한 기능인의 역할에 머무는 한계에 부딪쳐 좌절하기 쉽다는 점을 경고했을 뿐이다.

그의 말을 오늘의 이 시대 상황에 적용하여 더 적극적으로 이해한다면 정치학자 또는 사회과학자와 정치지도자 간의 바람직한 협업과 정치학과 정치 간의 바람직한 가교를 제안하는 뜻으로 들어도 될 것이다. 이 책에서 다루어지는 정치학자들의 삶을 통해서 그러한 협업과 가교의 지혜를 성찰해 볼 수 있는 기회가 되기를 기대한다.

길었던 겨울이 가고 생동하는 새 봄이 오더니 나날이 푸름을 더해가는 성장의 계절에 접어들었다. 원고를 쓰는 시간은 기다림의 순간들이었다. 탈고의 때에 맞추어 사랑스러운 손자 원택이와 손녀 윤솔이가 이 세상으로 왔다. 이 책은 그들을 기다리던 과정의 산물이었기에 공을 그들과 나누고 싶다. 더없는 기쁨으로 감사할 따름이다.

세종시 호단재에서

목차

정치학자 열전

학문과 참정의 삶

해롤드 래스키

Harold Joseph Laski

행동형 좌파 민주사회주의 전도사

1. 일관된 좌파의 삶
2. 가정과 교육 배경
3. 학자의 길: 행동하는 지성
4. 런던경제정치대학의 '정치교수'
5. 영국노동당 좌파의 선봉장
6. 민주사회주의 전도사

해롤드 래스키
Harold Joseph Laski

행동형 좌파 민주사회주의 전도사

1. 일관된 좌파의 삶

해롤드 래스키(Harold Joseph Laski)(1893-1950)는 20세기 전반 사회주의 이념이 고조되던 시기 좌파 지성을 대표하던 영국의 정치학자였다. 그는 런던경제정치대학(London School of Economics and Political Science)의 정치학 교수로 그리고 동시에 영국노동당 소속 정치인으로 30년 간 정치학의 연구와 교육 그리고 정치활동을 병행한 특이한 경력을 가진 인물이다.

래스키는 직접 정치를 겪어 알지 못하는 사람은 정치학을 가르칠 수 없다고 말했다. 그에게는 대학에서 정치학을 강의하는 것이 정치에 참여하는 것이고 정치활동이 정치학 공부였다. 정치학자 정치학 교수 그리고 정치활동가로서의 그의 행동반경과 영향력은 영국에 한정되지 않았다. 그는 생애의 3분의 1을 미국에서 살며 활동했다. 또 여러 나라를 여행하며 지도적인 학자들 정치지도자들과 교류하고 미국을 비롯한 외국의 많은 대학에서 강의했다. 특히 그는 아시아 그 중에서도 당시 식민지였던 인도와 아프리카의 미래지도자가 될 유학생들에게는 정치학을 가르친 교수이자 큰 사상적 감화를 준 '정치 스승'이기도 했다. 그는 저술에도 힘써 남다른 능력과 열정으로 평생 20여 권의 책과 1000여 편의 글을 발표했는데 그의 저서와 글들은 영국 국내에서뿐만이 아니라 전 세계에서 많은 독자를 가지고 있었고 큰 영향을 미쳤다.

래스키는 자유와 평등을 조화시키려는 사상적 정치적 노력을 견지한 정치이론가였고 의회주의와 평화적 방식을 통해서 사회주의를 구현하려는 정치적 실천에 앞장선 사회주의자 정치 활동가였다. 오웰(George Owell)의 표현에 의하면 그는 '이념은 사회주의자이지만 체질은 자유주의자(a socialist by allegiance and a liberal by temperament)'였다. 그는 영국노동당 내에서 좌파를 이끄는 이론가임을 자임한 행동하는 지식인이었다. 그러나 그가 추구했던 민주적 사회주의 변혁은 현실정치의 난관에 봉착했다. 그가 살았던 시대는 두 번의 세계대전을 겪고 혁명과 반혁명의 과정 속에서 전체주의체제가 등장하여 기승을 부리던 격동의 시기였다. 한마디로 개인적인 삶과 정치사회적 신념을 조화시키며 살아가기가 쉽지 않은 때였던 것이다. 그러므로 그는 상황의 변화에 따라 방법을 수정하고 적응하려는 노력과 고민을 보여주었지만 사회주의적 가치만은 굳건히 견지했다. 그는 다원주의자로 시작해서 페이비언 사회주의자(Fabian socialist), 마르크스주의자, 그리고 민주 사회주의자에로의 사상적 전개를 보여주었다.

래스키는 뛰어난 두뇌와 탁월한 언어 능력을 타고났다. 그는 남다른 기억력을 자랑했고 심지어 구술로 한권의 책을 저술하기도 했다고 한다. 그의 달변은 강의실에서 선거 유세장에서 청중을 매료시켰다. 그러나 그의 그러한 천재성은 때때로 자기중심적 행동과 과시욕 그리고 직선적 언행과 사태를 극단으로 몰고 가는 과격성으로 나타나 오해를 부르는 경우가 있었다. 물론 그를 위험인물로 경계하는 그러한 오해의 배경에는 유태인에 대한 사회적 편견이 작용하기도 했다. 그는 유태교도는 아니었지만 유태인 의식을 가지고 있는 시온주의자(Zionist)였고 그의 유태인 의식은 그의 사고와 행동을 형성한 중요한 요인이었던 것이 사실이다. 그는 독특한 개성 때문에 사회적 물의를 일으키고 사건의 중심에 서는 일이 있었지만 학자나 교육자로서 그리고 정당 정치인으로서 소명감과 열정을 저버리거나 원칙을 굽히는 일이 없는 삶의 모범을 보여주었다.

래스키의 사상과 행동은 일견 모순돼 보이는 두 세계를 동시에 추구하는 것이기 때문에 이중성으로 비쳐지기도 한다. 그의 학문은 결국 자유주의와 사회주의를 동시에 구현하는 이상적 가치에 도전하는 것이었고 그의 참정 행위도 의회나 정부의 직책을 추구하는 것이 아니라 그러한 가치를 실천하는 노력의 일환이었다. 그러므로 그의

일생은 아웃사이더 좌파의 삶이었다고 말 할 수 있을 것이다.[1]

2. 가정과 교육 배경

폴란드계 유태인 이민

래스키는 영국의 공업도시 맨체스터(Manchester)에서 부유한 사업가의 아들로 태어났다. 그의 할아버지는 폴란드로 부터 영국으로 이민해 왔다. 그의 아버지 네이산 래스키(Nathan Laski)는 정식으로 학교 교육을 받지 못하고 어린 나이에 면직물 회사 점원으로 일하기 시작하여 면직물 무역회사를 설립하여 성공한 자수성가형 사업가였다. 그는 특히 당시 식민지였던 인도와의 무역을 통해서 사업을 키웠는데 사업상 자주 인도에 출장을 다녔다. 맨체스터는 당시 런던을 제외하고 영국에서 유태인들이 가장 많이 모여 거주하는 지역 이었다. 1910년 까지 동유럽에서 영국으로 이주한 유태인은 약 25만 명 정도였는데 그중 3만 5천 명 정도가 맨체스터에 살면서 섬유, 화학, 기계공업에 종사하고 있었다.

네이산 래스키는 성공한 사업가로서 '맨체스터 유태인 왕'이라고 불릴 정도로 잘 알려진 유태인 사회 지도자였으며 영향력을 가지고

1 Isaac Kramnick and Barry Sheerman, *Harold Laski: A Life on the Left*(New York: The Penguin Press, 1993).

있었다. 그는 여섯 살 연하인 유태인 딸 사라(Sarah Laski)를 만나 결혼했다. 사라는 매우 활동적인 여성으로 신앙생활과 사회활동에 적극적으로 참여하면서 맨체스터 시의회 의원을 지내기도 했다. 네이산 래스키 부부는 유태인의 전통을 지키는 독실한 유태교도로 지역 유태인 사회에서 존경받는 존재였으며 영국 내 유태인들의 문화적 적응과 지위 문제에 관심을 가지고 그들을 정치적으로 대표하고 있었다.

네이산 래스키는 평생 자유당 당원이었다. 그의 정치적 관심은 후에 영국의 대 정치가가 된 처칠(Winston Churchill)과의 인연을 만들게 했다. 네이산 래스키는 처칠의 지지자로 정치적 후원자가 됐다. 처칠은 일찍 정치에 입문하여 약관 25세에 맨체스터 인근 올드햄(Oldham) 선거구에서 보수당(Tory) 후보로 출마하여 하원 의원에 당선되었다. 그런데 보수당 지도자였던 챔벌레인(Joseph Chamberlain)이 보호관세법안을 추진하자 자유무역을 주장했던 처칠은 보수당을 탈당하여 자유당으로 당적을 바꾸고 다음 선거에서 공천을 받기위해 선거구를 유태인이 많이 거주하는 맨체스터 서북구로 옮기게 되었다. 이때 네이산 래스키는 자유무역론자 처칠에게 호감을 가지고 유태인 사회를 처칠 지지로 동원하는데 큰 역할을 하며 처칠의 당선을 적극 도왔다. 처칠은 의정활동을 통해서 유태인들의 관심사였던 이민을 제한하려는 외국인 거류민 법안(Aliens Bill) 반대 활동을 적극적으로 벌였다. 당시 의회에서 추진되고 있던 그 법안은 범죄자 등의 영국 입국을 제한하려는 취지였지만 실제로는 유태인에게 적용될 가능성이 컸기 때문에 유태인 사회의 이해관계와 직결된 사안이었다. 이러한 인연을 시작으로 처칠은 지역구 방문 시 수시로 래스키가를 찾았다. 이때 해롤드 래스키는 10대 초반의 소년으로 아버지와 처칠이 나누는 정치적 대화를 가까이에서 엿듣고 지켜보면서 정치사회 문제에 대한 관심을 갖게 되었다. 어릴 적 래스키는 처칠을 흠모하여 그의 연설하는 모습을 흉내내내기를 좋아했다고 한다.

해롤드 래스키는 그의 아버지가 30세 그의 어머니가 24세 때 둘째아들로 태어났다. 그는 태어날 때부터 건강하지 못해서 질병에 시달리며 자랐고 병약한 신체 때문에 여러 가지로 남다른 어려움을 겪었다. 그는 그 보다 건강하고 공부도 잘하는 모범생으로 부모로부터 인정을 받는 형 네빌 래스키(Neville Laski)에 대해서 항상 부러움과 경쟁의 마음을 품고 있었다. 그의 형이 장교로 군 복무를 하고 변호사가 되어 존경받는 유태인 종교지도자(rabbi)의 딸과 결혼했던 것과 비교 되게 해롤드 래스키는 지원한 군 입대도 신체 문제 때문에 거부당했고 결혼도 연상의 이교도(비 유태인) 여성과 만나 하게 되어 부모로부터 오랫동안 인정을 못 받는 순탄치 못한 길을 걸었다.

부인과의 만남과 결혼

래스키는 집 부근에 있는 초등학교를 졸업하고 명문 맨체스터 고전학교(Manchester Grammar School)에 진학했다. 잦은 질병으로 인한 결석 등의 이유 때문에 학교 성적은 좋지 않았다. 6년간의 성적은 중하위 수준이었는데 물리 화학 수학 보다는 영어 프랑스어 그리고 고전의 성적이 더 좋았다. 그는 맨체스터 고전학교 6학년 16살 때 그의 일생에 큰 영향을 끼치게 되는 평생의 배우자가 될 여인을 만났다. 래스키가 대학 진학을 앞두고 있던 1909년 가을 맹장 수술을 받고 쇠약해진 몸으로 형과 같이 시골 요양시설에 가서 크리스마스 휴가를 보내게 되었다. 이때 그 요양시설에는 후일 그의 부인이 될 프리다(Frida Kerry Laski)가 물리치료사로 근무하고 있었다.

프리다는 농장을 경영하는 독실한 기독교 신자 부부의 맏딸로 태어났다. 그녀의 부모는 큰 나이 차이 때문에(그녀의 아버지는 43세 때 25세 연하인 18세의 어머니를 만나 결혼했다) 그리고 성격 차이로 갈등이 심했다. 그녀의 아버지는 낙천적이고 무능한 사람이었지만 그녀의 어머니는 활달하고 적극적인 성격으로 가사를 주도했다. 프리다는 그녀의 어머니를 닮아 활동적이고 독립심이 강한 여성이었다. 그녀는 어릴 적 기숙학교에서 공부한 후 16세에 벨지움(Belgium)으로 가 유학하고 다시 체육 교사가 되기 위해 스웨덴 왕립 체육대학(Royal College of Gymnastics)에 진학했다. 그녀는 대학에서 운동치료와 마사지를 전공하고 생물학과 생리학을 공부했다. 대학 졸업 후 다시 벨기에로 가 학교 체육 교사로 취직했다가 2년 후 영국으로 돌아와 버밍햄(Birmingham)의 한 체육대학에서 보건체육과 마사지 생리학을 가르치는 강사로 활동했다.

프리다는 매우 자유분방한 생활을 했고 여성 참정권 운동과 사회주의 노동운동에 참여하는 등 사회활동에도 적극적이었다. 그녀는 페이비안협회(Fabian Society) 회원이었고 우생학(eugenics) 운동에도 참여하여 강사로 활동하고 있었다. 우생학에 대한 관심은 래스키와 프리다의 관계를 긴밀하게 만든 매개 요인이었다. 래스키는 대학에 입학하기 전 우생학에 관심을 가지고 공부하며 글도 쓰는가 하면 대학의 우생학 연구소에서 임시직으로 일하기도 했다. 우생학이란 인류의 유전적 소질을 개선하기위해 우량한 특질을 강화하는 방법과 결혼 출산 등에 대한 정책적 적용을 연구하는 것이다. 20세기 초 영국에서 일기 시작한 대중적 우생학 교육 운동은 미국과 캐나다 그리고 유럽 여러 나라에 전파되었는데 당시 많은 대학에서 우생학을 새로운 학문 분야로 정립하려는 노력이 시도되고 있었다.

언뜻 보기에 래스키와 프리다 두 사람은 잘 어울리기 어려울 정도로 서로 다른 점이 많았다. 그들이 처음 만났을 때 래스키는 16세의 소년이었지만 프리다는 그 보다 여덟 살이 많은 24세의 여인이었다. 래스키는 허약한 몸으로 병색이 역역한 외모를 가지고 있었고 방에 틀어박혀서 책만 읽는 내성적 소년이었지만 프리다는 건강하고 밝은 외모에 운동도 잘하고 사교적 활동적인 외향적 성격의 여성이었다. 래스키는 도시의 부유한 이민 유태인 사업가 아들이었지만 프리다는 시골에서 농사 짓는 토박이 영국인 기독교 가정의 딸이었다. 래스키는 아직 나이가 어려서 부모로부터 경제적 도움과 보호를 받아야 할 처지였지만 프리다는 부모로부터 독립하여 살고 있는 자유로운 처지였다. 두 사람은 그러한 차이에도 불구하고 사랑에 빠졌고 결국 결혼을 약속했다.

그러나 두 사람의 결혼 계획은 양가 부모들의 반대에 직면하게 됐다. 두사람은 부모를 설득하는데 실패했지만 1911년 8월 결혼식을 강행했다. 이때 래스키는 18세 프리다는 26세였다. 결혼식을 올렸지만 두 사람은 부모의 승인과 지원을 받지 못하고 당분간 별거할 수밖에 없었다. 래스키는 옥스퍼드의 뉴 칼리지(New College)에 입학했는데 그가 졸업할 때까지 결혼 사실을 비밀로 하는 조건으로 부모로부터 학비와 생활비를 지원받을 수 있었기 때문이었다. 프리다도 란크셔(Lanarkshire)지방의 한 초등학교 체육교사로 취직되어 글라스고우(Glasgow)에 거주하며 통근했다.

여성 참정 운동 등 정치사회활동에 적극적이었던 프리다는 청소년기 래스키의 정치사회의식을 눈 뜨게 하는데 적지 않은 역할을 했다. 프리다는 후에 유태교도로 개종하는 등 적극적으로 래스키 부모들과 화해하는 노력을 보여주었다. 또 그녀는 안정적 가정관리를 위해서 사회활동을 줄이고 가정주부로서의 역할에 보다 충실함으로써 래스키의 학문적 정치적 활동을 돕는 역할을 한다.

대학생 생활과 학문 입문

옥스퍼드의 뉴 칼리지에 입학한 래스키는 첫해에는 자연과학을 공부했는데 그에 대해 흥미를 느끼지 못하고 성적도 좋지 않았다. 래스키는 자연과학 보다는 인문학의 자질과 취향을 가지고 있었다. 래스키는 피셔(H. A. L. Fisher)교수의 역사학 강의에 심취해서 2학년에 전공을 역사와 정치로 바꾸었다. 피셔 교수는 헤겔 연구가인 그린(T. H. Green)의 제자였다. 래스키는 전공을 바꾸면서 튜터가 된 바커

(Ernest Barker) 교수를 만나게 됐다. 피셔교수가 잠시 정부 직책을 맡아 학교를 떠나게 되어 그의 튜터가 된 바커 교수는 래스키 보다 20세가 많은 맨체스터 고전학교의 동문 선배였다. 바커 교수는 후일 그의 자서전에서 당시 래스키와의 첫 만남을 회고하면서 막 20대에 접어든 젊은 래스키가 매우 조숙해 보였으며 한눈에 학자적 자질을 엿볼 수 있었다고 말하고 있다.[2]

래스키는 후에 그의 첫 저서 『주권문제의 연구』를[3] 바커 교수에게 헌정했다. 그러나 후에 정치사상사 연구의 대가였던 바커 교수는 래스키의 사회주의 사상을 비판했고 래스키 또한 마르크스주의와 사회주의를 비판하는 바커 교수와 정치적 입장을 달리하여 관계가 소원해졌다. 래스키는 대학생활을 통해서 학과 공부 외에 활발하게 정치활동에도 참여했다. 대학생활 2년차인 1912년 아내 프리다가 런던에 직장을 얻어 그녀의 부모들과 함께 이사해온 것이 계기가 되어 래스키는 주말에 자주 런던에 갔다. 여성참정운동과 노조운동에 열성적이었던 프리다와의 잦은 만남은 그가 정치활동에 개입되는 중요한 동기가 됐다. 이때 래스키는 프리다를 통해서 여성참정운동을 지도하면서 과격한 상디칼리스트(syndicalist) 노조운동을 하던 랜스버그(George Lansburg)를 만난다. 래스키는 대학 재학 중에 페이비안협회에 가입했지만 점진적인 사회개혁을 주장하는 사회주의에 불만을

---

2 Ernest Barker, *Age and Youth*(Oxford: Oxford University Press, 1953).

3 Harold Laski, *Studies in the Problem of Sovereignty*(New Haven: Yale University Press, 1917).

가지고 있었고 따라서 파업 등 보다 과격한 투쟁 방법을 취하는 상디칼리즘에 경도됐다. 래스키는 대학 졸업 후 1914년 7월부터 잠시 노동자 신문인 「데일리 헤럴드(Daily Herald)」 기자로 취직하여 일했다. 「데일리 헤랄드」지는 상디칼리스트 노조운동을 지지하던 신문으로 자유당 정부의 정책과 페이비안 사회주의에 대해서 비판적인 입장을 가지고 있었다. 래스키가 대학생 시절 만났던 랜스버그가 그 신문의 편집인이었다. 래스키는 이때 아일랜드 문제와 노동운동과 관련된 헌법문제에 관한 기사를 썼다.

1차 세계대전의 발발은 래스키에게 뜻밖의 기회를 만들어 주었다. 래스키는 군 입대를 지원했지만 신체적 문제로 거절당했다. 그는 전쟁을 반대하는 입장이었지만 당시 사회 분위기는 병역의 책임을 다하는 것이 애국심을 증명하는 것이었고 입대 기피자라는 비난을 받는 것은 치명적인 불명예였다. 장교로 입대하는 형에 대한 경쟁심도 군 입대를 지원한 동기가 됐다. 이러한 사정으로 군 입대를 못한 래스키는 후일 정적들로부터 병역 기피를 위해 외국으로 출국했다는 억울한 비난을 받게 된다. 마침 그가 따르던 피셔 교수가 인도 출장에서 돌아와 래스키에게 캐나다 몬트리얼(Montreal) 소재 맥길대학(McGill University)의 역사학 강사직을 추천해주었다. 실은 그 자리에 피셔 교수의 다른 제자가 가기로 예정돼 있었는데 그 사람이 군 입대를 하게 되어 대신 래스키가 추천을 받게 된 것이다. 래스키가 처음으로 대학에서 강의를 하게 된 것은 전쟁이 가져다준 행운이었다.

3. 학자의 길: 행동하는 지성

맥길대학에서의 생활

래스키는 21세 약관의 나이에 캐나다 맥길대학의 전임강사가 되어 학자의 길을 출발하게 되었다. 몬트리얼은 생소한 이국 땅 이었고 아는 사람도 없었다. 대학으로부터 첫해 연봉 1500달러를 받았는데 경제적으로 곤궁함을 면할 수 없었다. 물론 부모로 부터의 도움도 기대할 수 없었다. 다행히 영국에서 출발할 때 여행 경비 지원을 받았지만 그것도 도로 갚는다는 조건이었다. 아내 프리다는 임신 중이어서 일을 할 수 없었고 건강이 나빠 병원 치료를 받아야했기에 경제적 압박은 더욱 가중됐다. 래스키는 돈을 벌기위해 원고를 쓰고 심지어 대필도 마다하지 않았다. 이때 원고 청탁과 책 출판 등과 같은 일로 경제적인 도움을 준 친구가 있었다. 그는 런던에서 노조운동으로 만난 휍쉬(Ben Huebsh)로 뉴욕에서 출판사를 운영하고 있었다.

휍쉬는 래스키처럼 유태교를 믿지 않는 유태인으로 래스키가 캐나다와 미국생활에 적응하는데 큰 도움을 주었다. 2년의 몬트리얼 생활을 통해서 래스키는 두 가지 큰 소득이 있었다. 그는 1916년 6월 그의 첫 저서 『주권문제 연구』를 집필하여 예일대학 출판부와 출판 계약을 체결했고, 그 다음날 유일한 혈육인 딸이 태어났다.

그러나 래스키는 맥길대학에서의 생활에 만족하지 못하고 몬트리얼을 떠나고 싶었다. 이때 미국 캠브리지(Cambridge)에 있는 하버드대학(Harvard University) 로우 스쿨(Law School)의 강사로 갈 수 있는 기회가 생겼다. 먼트리얼에서 래스키를 만나 그의 탁월한 학자적 능력을 인정한 한 사람이 그를 하버드대학에 소개하고 추천했다. 윌슨(Woodrow Wilson) 대통령 시절 덴마크 주재 대사를 지낸 햅굳(Norman Hapgood)이 하버드대학 로우 스쿨 교수로 있던 프랑크풀터(Felix Frankfurter)에게 래스키를 소개하고, 프랑크풀터는 몬트리얼로 가서 래스키를 면담한 후 총장 로웰(Lawrence Lowell)에게 그를 강사로 초빙하도록 추천했다. 당시 하버드대학 총장이었던 로웰은 『영국정부론』을 저술하기도 한 정치학자였다. 이렇게 래스키는 맥길대학에서 2년을 지내고 1916년 미국 하버드대학의 전임강사로 자리를 옮기게 된다.

래스키의 미국 생활을 주선하는데 중요한 역할을 하고 도움을 준 프랑크풀터는 후에 루즈벨트(Franklin D. Roosevelt) 대통령의 영향력 있는 측근 자문이 되고 대법관을 역임하였다. 프랑크풀터와의 만남은 이후 래스키의 미국생활과 활동에 결정적 도움이 되었다. 두 사람은 평생의 지기로 지내면서 마치 형제와 같이 친밀했다. 그러한 친분의 배경에는 같은 유태인이라는 점이 작용했다. 프랑크풀터는 오스트리아에서 미국으로 이민한 가정 출신으로 강한 유태인 의식을 가지고 있었다. 두 사람은 또 자존심이 강하고 논쟁을 즐기는 점, 그리고 공적으로는 평등주의를 주장하면서도 개인적으로는 엘리트주의적 행태를 보이는 이중성 등 진보적 지식인들의 모순된 생활 태도를 공유하고 있었다.

하버드대학에서의 생활

1916년 가을 하버드대학 전임강사 겸 튜터로 부임한 래스키는 미국 캠브리지에서 4년간 활발한 강의와 연구 활동을 하며 보냈다. 이 기간은 래스키가 전문적인 학자로서 인정받고 자리매김하는 기간이었다. 래스키에게는 미국 생활 4년이 그의 학문적 성숙을 이루고 학자로서의 위상을 확립하는 기간이었을 뿐만이 아니라 미국 내 진보적 지식인들과의 만남과 사귐을 통해서 많은 지기를 만들고 사회정치활동의 인적 기반을 닦는 기회였다.

하버드대학에서 래스키는 역사학과와 정치학과에서 강의와 개인지도를 담당하는 한편 법과대학의 『하버드법률평론(The Harvard Law Review)』의 편집위원으로 일했다. 마침 1차 세계대전으로 교직원 다수가 징집되어 『하버드법률평론』은 새로운 편집요원의 충원이 필요했던 때라 래스키에게 기회가 왔던 것이다. 래스키는 법학을 사회과학으로 발전시켜야한다는 당시 법학계의 동향에 부응하여 법학과 역사학 또는 정치학과의 결합을 시도하는 주권론 연구 논문을 발표하여 학계의 주목을 받게 되었다. 래스키는 1917년부터 1919년까지 『하버드법률평론』 서평 편집 책임자로 일하면서 여러 편의 서평 논문을 발표했다.[4]

미국에서 래스키는 매우 바쁜 생활을 보냈다. 그는 하버드대학에서의 강의와 개인지도 그리고 학술지 편집하는 일 이외에도 책 집필

4 Z. C. Jr., "Harold Laski and The Harvard Law Review," *The Harvard Law Review, Vol. 63, no. 8*(1950, pp. 1398-1400.

과 신문 잡지 등에 기고하는 원고 쓰기, 외부 강의 출강 등으로 분주했다. 래스키가 그렇게 바쁜 생활을 하게 된 배경에는 경제적 어려움으로 돈을 벌어야했던 사정도 있었다. 그는 대학으로부터 연봉으로 2950달러를 받았는데 이 돈만으로는 생활비와 자신과 딸의 병원 비용을 감당하기에 부족했다. 그래서 그는 여름학기 강의도 맡고 자매학교인 래드클리프대학(Radcliff College)과 인근 예일대학 등에 시간 강의를 나가고, 또 뉴욕의 「뉴 리퍼블릭(New Republic)」지에 사설 원고를 써야만 했던 것이다.

래스키는 노동운동가 양성을 위한 보스턴 노동조합대학(Boston Trade Union College)의 설립에 참여하여 강의를 맡기도 하고 진보적 지식인들이 주도하여 설립한 뉴욕의 뉴 스쿨(New School for Social Research)의 교수진으로 참여했다. 래스키가 예일대학에 출강할 때 수강한 제자 중에는 후에 시카고대학의 명 총장이 된 허친스(Robert Hutchins)와 「타임(Time)」지와 「라이프(Life)」지를 창간한 루스(Henry Luce)가 있었다.[5] 래스키는 하버드대학에서 생활하던 기간 중에 미국 학계 언론계의 많은 진보적 지식인들과 사귀게 되었는데 앞서 언급한 휍쉬나 프랑크풀터를 비롯하여 언론인 리프만(Walter Lippmann), 대법관 홈스(Oliver Wendell Holmes), 그리고 컬럼비아대학 정치학 교수 비어드(Charles Beard) 등이 그에 포함된다.

래스키의 생애에 있어서 미국 거주 기간 그의 나이 23세에서 27세

---

5 Cramnick and Sheerman, 앞의 책, p. 118.

까지가 가장 학구적이었던 시간이었다. 쉴스(Edward Shils)는 이 때 저술한 래스키의 책이 가장 학술적이라고 평했다.[6] 래스키는 이 기간 중에 국가론 주권론에 관한 세 권의 중요한 저서를 집필 출간했다. 즉 『주권문제 연구』, 『현대국가에서의 권위』, 그리고 『주권의 기초 및 기타 논문』이 그것이다.[7] 이 세권의 저서는 래스키가 정치적 다원론을 정립하고 신진 학자로 발돋움하는 계기를 만들어준 역작이었다. 래스키는 국가가 다른 모든 사회집단들의 상위에 있는 '최고의 결사체(supreme association)'가 아니라 기업, 노조, 교회 등과 같은 많은 결사체 중의 하나에 불과하다고 주장했다. 따라서 국가는 개인들의 충성심과 복종을 얻어 내기 위해서 다른 집단들과 지속적으로 경쟁한다는 것이다. 절대 국가주권론을 부정하는 래스키의 다원주의 국가관은 1차 세계대전 후의 반 국가주의 반 이상주의적 정치사상 조류와 자유노조운동에 대한 그의 관심을 반영한 것이었다. 이때까지만 해도 그는 자본주의 체제를 근본적으로 변혁시키는 새로운 시대의 도래를 확신하고는 있었지만 아직 사회주의자는 아니었다.

보스턴 경찰 노조운동 지지

래스키는 젊은 시절 미국생활을 통하여 그의 생각과 신념을 행동

---

6 Edward Shils, "The Career of Harold Laski," *New Criterion, Vol. 12, no. 8*(April 1994), pp. 24-30.

7 Harold Laski, *Studies in the Problem of Sovereignty(1919); Authority in the Modern State*(New Haven: Yale University Press, 1919; *Foundations of Sovereignty and Other Essays*(New York: Harcourt, Brace and Co., 1921).

화하는 큰 경험을 하였다. 1919년 가을에 있었던 보스턴 경찰 노조운동 지지를 둘러싼 논란을 통해서 그는 미국사회를 떠들썩하게 만든 정치적 화제의 중심인물이 되었었다. 보스턴 경찰 노조운동은 당시 미국사회 내의 좌경화 경향과 공공노조 확산을 경계하는 보수층의 우려가 높아진 상황을 배경으로 하여 일어난 사건이었다. 사건은 보스턴 경찰이 노조를 결성하고 미국노동연합(American Federation of Labour)에 가입을 시도하면서 시작됐다. 공화당원인 보스턴 경찰청장이 경찰관의 노조 가입 금지를 선언하고 노조 간부 19명을 면직시키는 조치를 취함에 따라 노조는 파업을 강행했다. 하버드대학 학생들도 참여한 자원 봉사자가 치안활동을 벌였음에도 불구하고 폭동이 발생하여 사상자가 속출하는 사태로 발전하자 보스턴 시장의 요청으로 주지사가 주 방위군을 동원하는 상황이 벌어지게 됐다. 보수계 신문들은 직전에 일어난 러시아 혁명의 영향을 우려하는 사회적 분위기를 반영하여 시 정부의 대응과 사태 수습을 지지했다.

이런 가운데 하버드대학 학생신문 「크림슨(Crimson)」은 경찰청장을 비난하고 경찰관들의 파업을 지지하는 래스키 교수의 논평을 기사화했다. 래스키는 경찰 노조운동을 지지하면서 누구나 어느 조직에든지 가입할 수 있는 권리가 있다고 주장했고 신문은 그러한 주장에 동조하는 사설을 실었다. 래스키는 또 며칠 후 파업 경찰관들의 부인과 친척 등 2500여 명의 여성들이 참석한 야간 집회에서 파업 경찰관들의 행동을 찬양하는 연설을 하면서 노동자의 단결을 촉구했다. 래스키의 그러한 행동은 하버드대학 학부모들과 동문들의 반발을 촉발시켰다. 그들은 로웰 총장에게 래스키 교수를 비난하는 편지를 보내고 그의 파면을 요구했다. 지역의 보수계 신문들은 래스키 교수가 학생들에게 소비에트주의를 가르치고 있다고 비난하면서 예일대학 출판부도 래스키의 불온한 저서 보급을 중단해야한다고 주장했다. 하버드대학 학부모와 동문들은 그들의 요구가 받아들여지지 않으면 기부금 모금을 중단할 수 있음을 시사했다.

학생신문은 지역사회의 래스키에 대한 비난이 학문의 자유에 대한 공격이라고 주장했다. 로웰 총장도 학문의 자유를 이유로 들며 래스키를 옹호했다. 로웰 총장은 학부모와 동문들에게 보낸 답신에서 래스키 교수의 주장은 국가 내의 어떠한 조직도 절대적 권위를 갖지 못한다는 것이며 계급독재를 주장하는 것이 아니라 권위의 다원성을 주장하는 것이라고 변호했다. 그러나 대학과 지역사회는 래스키에 대한 지지와 비난의 여론으로 나뉘어 논란만 분분했다. 대학 당국은 표면적으로 학문의 자유라는 명분으로 래스키를 변호했지만 또 한편으로는 대학의 운영을 위해서 동문과 지역사회의 협조가 필요했기 때문에 입장이 난처했다 이런 와중에 래스키는 영국으로 돌아갈 준비를 하고 있었다. 래스키는 모교인 뉴 칼리지에서 강의하고 싶었으나 여의치 않았다. 그 다음으로 고려한 곳이 런던경제정치대학이었다. 래스키가 런던경제정치대학에 처음 구직을 탐문한 것은 리프만을 통해서였다. 리프만은 독일계 유태인 가정 출신으로 하버드대학을 졸업하고 「뉴 리퍼블릭」의 편집을 맡고 있었는데 하버드대학 재학 시 월러스(Graham Wallas) 교수의 강의를 수강한 인연으로 그와 계속 친교를 갖고 있었다. 월러스 교수는 페이비언 협회 창립 회원으로 런던경제정치대학의 정치학 교수로 있었다. 래스키도 월러스 교수와 안면이 있었지만 리프만의 적극적인 추천으로 월러스 교수가 당시 총장으로 있었던 비버리지(William Beverage)에게 래스키 초빙을 건의하게 됐던 것이다. 래스키는 1920년 3월 런던경제정치대학으로부터 초빙 연락을 받고 5월에 하버드대학에 사직서를 냈다. 런던경제정치대학에서의 대우는 하버드대학에서 받았던 연봉과 비슷한 수준의 연봉 650파운드를 주는 조건이었지만 강의 책임시간은 보다 적었다.

4. 런던경제정치대학의 '정치교수'

런던 생활의 정착

래스키는 미국 생활 4년을 정리하고 1920년 귀국했다. 27세가 된 래스키는 런던경제정치대학의 전임강사로 런던 생활을 시작했다. 그는 그보다 35세 많은 월라스 교수가 1926년에 퇴임함에 따라 그의 정치학 교수직을 승계하여 죽을 때까지 그 대학에서 교수로 봉직했다. 래스키는 런던 생활을 시작하면서 개인적으로 매우 안정감을 갖게 되었다. 그의 아버지는 아들이 명문대학의 교수가 된 것을 자랑스럽게 생각했고 또 이교도였던 며느리 프리다가 유태교로 개종한 것을 크게 기뻐했다. 이로써 부자간의 불화는 해소되고 래스키는 부자 아버지의 지원도 받게 되어 경제사정도 좋아졌다. 아내 프리다는 사회활동을 줄이고 래스키를 내조하는 일에 더욱 집중했다. 이러한 안정된 생활환경은 래스키가 대학교수로서의 학문 활동과 정당 활동가로서의 정치참여를 병행할 수 있는 유리한 여건이 되었다.

런던경제정치대학은 페이비안 협회 창설자인 웹 부부(Sidney Webb과 Beatrice Webb)에 의해서 설립되어 1895년에 개교한 사립대학이었다. 이 대학은 특히 사회과학 분야에 중점을 두는 신진 대학으로 오랜 전통을 가진 옥스퍼드대학이나 캠브리지대학이 엘리트 교육을 지향하는 영국인 학생 중심의 대학이었던 것과 비교되게 외국인 유학생이 많은 다문화적 교풍을 가지고 있었다. 특히 런던경제정치대학의 경제학과는 캠브리지대학의 경제학과와 세계제일의 위치를 다투었는데 그동안 경제학 노벨상 수상자를 10여 명이나 배출한 명문으로 발전했다. 뿐만 아니라 런던경제정치대학은 그 동문과 교수 중에 세계 각국의 국가수반이나 정부수반이 된 사람이 50여 명에 이를 정도로 인재 산실의 명문대학이 됐다.

당시 런던은 세계 최대 대영제국의 수도로 세계정치경제의 중심 무대였으며 다양한 지역 국가 엘리트들의 만남과 교류의 장소였다. 이러한 환경은 런던경제정치대학 캠퍼스가 미래 세계 지도자의 수련장이 되게 했다. 1920년대 초 이 대학의 학생 수는 2,500명 정도였는데 그 중 외국 유학생이 20% 내지 25%를 차지했다. 외국 유학생 중에는 식민지였던 인도 학생이 가장 큰 비중을 차지했고 미국 캐나다 아프리카 그리고 중국 학생이 유학하고 있었다. 래스키가 재직했던 당시 런던경제정치대학에는 사회학자 만하임(Karl Manheim), 경제학자 하이에크(Friedrich von Hayek), 그리고 인류학자 말리노우스키(Bronislaw Malinowski) 등 당대 세계 최고의 사회과학자들이 교수진을 이루고 있었다.

래스키는 학생들에게 매우 인기 많은 교수였다. 그가 인기 많은 몇 가지 이유가 있었다. 첫째는 학생들과 열정적으로 교감하는 그의 강의 스타일이다. 그의 강의는 강의실에서 5분마다 웃음소리가 터질 정도로 재미있었다. 그의 강의실은 언제나 만원을 이루었는데 수강생들은 극장에 영화나 연극 공연을 보러가듯이 즐기기 위해 그의 강의를 듣는다고 했다. 그는 달변이었고 탁월한 언어 능력을 가지고 있었다. 둘째는 학생들에게 친절하고 관대한 그의 인간미다. 그는 누구에게나 개인적인 요청을 잘 들어주는 성품이었고 심지어 돈을 꾸어달라는 요청도 거부하지 않았다. 그의 연구실은 언제나 개방돼 있었으며 매주 학생들을 집으로 초청하여 함께 식사하고 차 마시며 토론하기를 즐겼다. 그는 특히 인도 학생 등 외국 유학생들에게 각별한 관심을 기울였고 학생들의 이름을 잘 기억해서 호감을 샀다. 셋째는 정치사상사에 관한 해박한 지식을 갖춘 실력 있는 학자로서 그리고 노동당 내 대표적인 좌파 이론가로서 그가 가지고 있는 설득력과 카리스마다. 그의 강의와 저서는 학생들의 진보적 취향과 민족주의적 정서에 부응했고 공감을 불러일으킬 수 있었다.

당시 런던경제정치대학에 특히 인도 유학생이 많이 재학했던 것은 입학시험 제도 등과 관련된 이유도 있었지만 래스키의 존재와 무관치 않았다. 래스키는 인도의 독립을 적극적으로 지지했고 인도 학생들의 후원자였다.[8] 이렇게 학생들에게 인기가 많았던 래스키를 다소 낮게 평가하는 경우도 있다. 예컨대 옥스퍼드대학 교수였던 벌린(Isaiah Berlin)은 외국 유학생 특히 인도 학생들은 순진해서 래스키의 강의에 매혹됐지만 영국 학생들은 그를 너무 잘 알 수 있기 때문에 그렇지 않다고 말했다. 그는 래스키가 자만심이 강해서 뽐내기를 좋아하고 피상적이었다고 평했다. 런던경제정치대학에서 래스키가 직접 정치학을 가르친 수제자 정치학자 밀리반드(Ralph Miliband)는 래스키의 강의에는 '정치학 이상의 가르침'이 있었다고 회고하고 래스키는 진정으로 학생들 특히 학생들의 젊음을 사랑했다고 말했다.[9]

정치참여와 사상적 진화

런던 생활이 안정됨에 따라 래스키는 대학 생활과 병행하여 정치 사회적 활동에도 적극적 관심을 돌렸다. 그는 연구실과 강의실에만 머물러 있지 않고 행동하는 '정치교수'였다. 래스키는 귀국하자마자 노동당에 가입하고 1922년부터는 페이비안 협회 집행위원이 되었다. 그는 언론에 당의 정책을 선전하는 글을 기고도 하고 선거운동의 지원 유세에 참여하기도 하고 지도부에 정책을 건의하는 연구 활동을 조직했다. 래스키는 또 웹 부인(Beatrice Webb)의 후원을 받아 페

8 Brant Moscovitch, "Harold Laski's Indian Students and the Power of Education, 1920-1950," *Contemporary South Asia, Vol. 20, no. 1*(March 2012), pp. 33-44.

9 Michael Newman, *Ralph Miliband and the Politics of New Left*(The Merlin Press, 2002), p.22.

이비안 협회의 출판 교육 분야를 주관했다. 래스키는 러셀(Bertrand Russell) 등과 더불어 지식인 클럽을 조직하여 활동했다.

영국노동당은 1900년에 창당되어 점진적인 사회주의적 개혁을 추구하는 원내정당으로 발전했다. 창당되던 해에 치러진 총선거에서는 15명의 하원 의원 후보자를 공천하여 단 한명의 당선자만 냈지만 1922년 선거에서는 144개의 의석을 확보하는 괄목할만한 성장을 보였다. 1923년 선거에서는 대승을 거두어 집권당이 되었다. 즉 노동당이 191석 자유당이 159석을 얻어 소수파 연립내각이 탄생된 것이다.

래스키는 노동당 지도자 신임 총리 맥도날드(Ramsay McDonald)를 열렬히 지지하는 측근 자문 그룹의 일원이 되었다. 노동당은 원내정당으로 발전하면서 노동운동 출신 당원이 주도하는 당 체제의 전환이 필요했고 또 집권당의 면모를 강화하기위해서 지식인 전문가 당원의 확보가 필요했다. 그 일환으로 래스키는 당으로부터 하원의원 후보로 출마할 것을 요청받았다. 당의 배려로 당선이 용이한 노동당 지지 기반이 있는 선거구에서의 출마도 가능했다. 아버지의 적극적 권유도 있었으나 래스키는 당의 출마 요구를 거절했다. 표면적인 이유는 자신에게는 직업 정치인이 되는 것 보다는 글쓰기가 더 중요하기 때문이라고 했지만 사실은 그의 건강이 문제였다. 그는 스스로 지역구 관리나 선거운동을 감당할만한 체력이 못된다고 생각했다.

래스키는 1920년대에 그의 사상적 진화에 있어서 뚜렷한 전환을 보여준 두 권의 중요한 저서를 출간했다. 1925년에 출간된 『정치학 범전』[10]과 1927년에 출간된 『공산주의』[11]가 그것이다. 래스키는 여기에서 정치적 다원주의로부터 민주사회주의 또는 페이비언 사회주의로 진행하게 된다. 그는 국가는 '사회의 기본 도구(the fundamental instrument of society)'이며 따라서 그 목표는 가능한 한 많은 사람들의 필요를 만족시키는 것이어야 한다고 했다. 그러나 그는 계급적 불평등 문제를 해결하기 위한 국가의 적극적 역할을 강조하면서도 정치권력의 분산(decentralization), 사회집단들 간의 협의(consultation) 등과 같은 정부에 대한 제한 조치를 지지했다. 정치적 민주주의만으로는 사회경제체제의 개혁이 성공하기 어렵다는 회의 때문에 '경제적 민주주의' 즉 사회주의를 추구해야한다는 주장이었다. 래스키는 노동자들이 더 이상 자본주의를 수용하지 않는 상황에서 혁명을 피해가려면 지배계급(부자와 권력자)의 양보가 필요하다고 주장했다. 즉 산업의 국유화, 상속권의 제한, 노동조건의 개선, 개인 기업에 대한 포괄적 규제, 적정임금 보장, 교육 복지 기회의 개선 등과 같은 사회주의 정책을 받아들여야 한다는 것이었다. 그러나 그는 자본가들이 그러한 사회주의 가치와 정책을 기꺼이 수용할 것이라고 낙관하지는 않았다. 그는 오히려 사회적 갈등의 대가로 초래될 자유의 파괴를 경고했다. 파시즘의 등장을 경고한 그의 저서 『현대국가에서의 자유』

10 Harold Laski, *A Grammar of Politics*(London: Allen and Unwin, 1925).

11 Harold Laski, *Communism*(London: Williams and Norgate, 1927).

가[12] 1930년에 출간됐다.

1929년 총선거는 여성의 투표권이 전면적으로 허용되어 진정한 보통선거가 보장된 가운데 시행되었다. 래스키가 선거운동 지원에 열성적으로 참여한 그 총선거에서 노동당은 과반 의석에 20석 부족한 289석을 차지하는 큰 승리를 거두고 제2기 맥도날드 내각을 성립시키게 됐다. 래스키에게는 정부의 각종 위원회 등에 참여하여 정치적 영향력을 행사할 수 있는 기회였다. 그런데 미국의 금융위기로 촉발된 세계적 대공황의 영향으로 파국적인 실업사태가 초래되고 이런 상황을 타개하기 위해서 맥도날드 수상은 당과 협의 없이 독단으로 자유당 보수당이 참여하는 거국내각을 구성했다. 노동당은 맥도날드를 배신자로 규정하고 제명했다. 이때 맥도날드 규탄에 앞장섰던 래스키는 신임 당수 헨더슨(Arthur Henderson)의 측근 참모로 당내 정치에 적극 개입했다. 그러나 1931년 10월에 치러진 총선거에서는 맥도날드 거국내각 측이 554석을 확보해서 재집권했다. 노동당은 당수가 낙선하고 의석도 52석이 줄어든 288석을 얻는데 그쳐 참패를 당했다. 이 때 노동당의 패배는 이후 당내 권력관계와 노동운동 양상에도 큰 영향을 미쳐 당의 급격한 좌경화를 가져왔다.

유럽에서는 파시즘이 등장하여 기승을 부리고 아시아에서는 군국주의 일본이 중국 침략을 감행하는 상황으로 또 한 차례의 세계대전이 임박한 위기감이 감도는 정세 속에서 래스키는 사회주의에로의

---

12 Hrold Laski, *Liberty in the Modern State*(London: Allen and Unwin, 1930).

이행 희망이 흐려지고 있음을 느끼고 있었다. 그는 이제 민주적인 방식에 의한 평화적 사회주의 달성 가능성을 회의하게 됐다. 1933년에 출간된 『위기의 민주주의』와 1935년에 출간된 『국가의 이론과 실제』[13]에서 래스키는 페이비안 사회주의자로부터 마르크스주의자로의 사상적 전환을 보여주었다. 래스키는 이제 자본주의의 모순은 평화적 해결이 불가능하게 됐고 민주주의 정치체제 하에서는 자본주의 위기탈출이 어렵게 됐다고 보았다.

그가 보기에 파시즘의 등장은 자본가 지배계급의 특권을 유지하기위한 조치였다. 즉 지배계급들이 자본주의를 지속시키기 위해서 민주주의를 파괴하고 노동운동을 억압하는 권위주의정권을 등장시켰다고 보았다. 따라서 자유주의적 사회주의의 대안은 효력을 상실하게 되고 혁명적 사회주의와 파시즘 간의 심각한 권력투쟁의 상황이 초래되었다는 것이다. 래스키는 자신이 마르크스주의자임을 공개적으로 선언했다. 그러나 그는 자신은 '마르크스주의적 사회주의자(Marxist socialist)'이지 '마르크스주의적 공산주의자(Marxist communist)는 아니라고 했다. 즉 그는 사회개혁가가 아니라 개급투쟁론자이며 혼합경제가 아니라 전면적인 사회주의적 변혁을 추구하지만 소수 음모집단에 의해 지배되는 당 독재가 아니라 의회주의 선거정치를 지지한다고 말했다. 또 그는 당 노선을 따르도록 강제하고 프로레타리아독재의 교리를 절대시하는 것을 지지하지 않으며 개인의 사상

13 Harold Laski, Democracy in Crisis(London: Allen and Unwin, 1933); *State in Theory and Practice*(London: Allen and Unwin, 1935).

과 언론의 자유를 신봉한다는 점에서 레닌주의나 스탈린주의와는 다른 것이라고 했다.

위험스런 '정치교수'

래스키의 적극적인 정치사회 활동은 대학 내외로부터 도전을 받게 되었다. 대학총장 비버리지는 학문의 자유라는 명분으로 래스키 교수의 입장을 옹호하려고 노력했고 래스키 자신도 교수로서의 임무 특히 강의와 학생 지도에 충실하려고 노력했다. 그러나 래스키의 과도한 교외 활동이 정부나 정치권의 견제를 받게 되자 대학 경영자의 입장에서는 고민하지 않을 수 없게 됐다. 비버리지 총장은 래스키의 개인적 명성과 인기가 대학의 사회과학 연구와 교육의 권위를 높이는데 보탬이 된다고 생각했고, 또 래스키가 미국의 유력한 인사들이나 기업가들과 가지고 있는 지면과 영향력을 대학 발전을 위해 이용할 수 있을 것이라는 기대를 가지고 있었다.

그런데 래스키와 비버리지 총장 간에 갈등이 증폭되는 상황이 전개되고 비버리지 총장은 래스키의 정치활동이 정부로부터 재정 지원을 받아 내거나 기업가들로부터 기부금을 얻는데 있어서 걸림돌이 된다고 여기게 됐다. 래스키에 대한 비버리지 총장의 반감을 부추긴 사건의 하나는 래스키가 미국의 한 잡지에 미국 기업들의 대학에 대한 재정적 지원이 대학을 타락시킨다는 식으로 기업들의 자선 기부 행위를 비판하는 글을 발표한 것이다. 이때 비버리지 총장은 록펠러재단(Rockefeller Foundation)으로부터 기부금을 받아 도서관 증축과 교수 연구 지원 그리고 새로운 학문 분야의 교육 개발에 사용할 계획을 세우고 있었다. 비버리지 총장은 래스키의 행동이 자신의 계획을 방해하는 것으로 여겼다.

상황을 더욱 악화시킨 사건은 래스키의 소련 방문과 강연 내용을 둘러싼 논란이었다. 래스키는 1934년 5월 부부동반으로 소련을 방문하여 소비에트법학연구소에서 세 차례 초청강연을 했다. 그런데 보수계 신문 「데일리 텔리그라프(Daily Telegraph)」지가 6월 6일자 신문에 래스키의 소련 강연에 관해서 보도하면서 래스키 교수가 계급투쟁을 영국에 전염시키는 발언을 했다고 썼다. 래스키가 모스코바 공산주의 학계의 비위를 맞추어주기 위해서 영국에서 시민봉기와 계급투쟁을 야기할 그의 전염 계획을 펼쳐보였다는 내용의 기사였다. 그 기사에서는 래스키를 '세계동포 사회주의자(cosmopolitan socialist) 라고 규정했다. 그러나 다른 신문 「맨체스터 가디안(Manchester Guardian)」은 래스키 교수가 모스코바 강연에서 비의회주의적 혁명노선을 걷고 있는 영국공산당을 비판하고 노동당을 변호했다고 보도했다.

래스키는 즉각 「데일리 그라프」지에 편지를 보내 그 보도 내용이 그의 강연 전체 맥락을 왜곡했다고 주장하고 시정을 요구했다. 이러한 논란은 의회로까지 번지게 되었다. 보수당 의원들은 외무부 장관에게 래스키의 여권 발급 경위에 관해 질의를 벌였고 정부의 런던경제정치대학에 대한 재정 지원에 관해서 추궁했다. 의원들은 래스키 교수와 같은 사람이 재직하고 있는 런던경제정치대학이 공산주의 교육의 온상이 되었다고 비난하면서 진상조사를 요구했다. 물론 노동당 소속 의원들은 래스키를 옹호하면서 모스코바에 가서 민주정부를 주장하고 공산주의를 공격한 교수가 사회주의자라고 해서 특별히 무슨 잘못을 한 것이냐고 항변했다. 대학 내에서도 래스키를 옹호하는 교수들이 공공의 이익과 관련된 문제에 관해서 대학교수가 의견을 피력하는 것을 당국이 조사하려는 것은 학문의 자유를 저해하는 것으로 유감이라는 성명을 발표했다. 결국 비버리지 총장은 진상조사를 반대하는 대신 래스키가 교수의 의무에 보다 더 충실할 것을 요구하고 래스키가 그를 수용하는 선에서 논란은 일단락 됐다.

동양인 제자들과의 인연

래스키는 런던경제정치대학 교수 시절 특별한 사제관계의 인연을 맺은 사람들이 많다. 그 중에서 먼저 아시아인 유학생들과의 인연을 보기로 한다. 앞에서 언급되었듯이 래스키는 많은 인도인 유학생들과 인연이 있는데 그 중에는 인도 독립운동에 투신했던 학생들이 있었고 그들은 독립 후 인도의 국가 정부 지도자로 성장한 인사들이 적지 않았다. 래스키는 인도에 대해서 관심이 많았다. 그러나 그의 아버지가 사업상 수십 차례 인도를 방문했던 것과는 달리 생전에 한 번도 인도에 가본 적이 없었다. 그는 영국의 어떤 정치인보다도 열렬히 인도의 독립을 지지했고 독립운동을 도왔다. 그렇기 때문에 그는 인도인들로부터 독립의 은인으로 존중을 받았다.

래스키가 인도문제에 관심을 갖고 독립운동을 지원하게 된 계기가 있었다. 그가 1914년 5월에 있었던 한 명예훼손 송사에 배심원으로 참여한 것이 그것이다. 이해를 돕기 위해서 사건의 배경을 좀 길게 설명할 수밖에 없다. 1919년 인도의 판잡(Panjab)지방 암리차르(Amritsar) 시에서 간디(Mahatma Gandhi) 지도하의 비폭력 시민항의 집회에 참가한 1만여 명의 군중에게 주둔 영국군이 발포함으로써 379명이 사망한 사건이 발생했다. 이른바 '암리차르 학살' 사건이다. 오드와이어 (Sir Michael O'Dwyer)는 당시 민간인 신분으로 판잡 지역 부 총독이었다. 그런데 사건 후 인도에서 법관을 지냈던 네이어(Sir Sakaran Nair)가 그 학살사건에 관한 책 속에서 당시 총독부도 만행의 책임이 있다고 비난했는데 사건 당시 부 총독으로 있었던 오드와이어가 네이어를 명예훼손죄로 고소하여 송사가 진행된 것이다. 재판은 개인들 간의 명예훼손 여부를 따지기 보다는 인도에서의 영국의 탄압정책을 지지하고 오히려 군대의 강경 진압 조치를 정당화하려는 분위기로 흘러갔다. 이때 12명의 배심원 중 11명이 원고 오드와이어를 지지하고 래스키 혼자만 동료 배심원들을 비난하며 피고를 옹호했다. 암니차르 학살 사건은 인도인들이 잊지 못하는 독립운동사의 대사건이었기에 재판 과정을 지켜본 인도인들에게 정의의 편에 선 래스키의 용감한 행동은 큰 감동을 주었다.

인도 정부는 1954년 암리차르 학살 사건 30주년을 기념하면서 아메다바드(Ahmedabad)시에 헤롤드 래스키 정치학연구소(Harold Laski Institute of Political Science)를 설립하여 그를 기렸다. 이때 래스키 교수의 제자로 인도 정치지도자가 된 메논(Krishna Menon)은 창립 축사를 하면서 래스키 교수가 당시 재판정의 배심원석에 앉아 있을 때부터 인도인과 하나가 됐었다고 회고했다. 메논은 1925년부터 런던경제정치대학에서 래스키 교수의 정치학 강의를 들었는데 활동적인 인도 유학생 독립운동 지도자였다. 래스키와 메논의 관계는 단순한 사제관계를 넘어 인도독립운동의 동지였다. 래스키는 메논을 통해서 인도 독립운동 지도자들인 간디나 네루(Jawaharlal Nehru)와도 긴밀히 협력했다. 래스키는 간디보다는 네루를 더 좋게 평가했고 그와 좀 더 가까이 했다. 간디는 한 때 페이비안 협회에 가입했었지만 사회주의에 동조하지 않아 탈퇴했고 네루는 사회주의를 신봉했다. 네루는 후에 그를 이어 인도 수상이 된 그의 딸 인디라 간디(Indira Gandhi)가 옥스퍼드대학에 유학하여 공부하고 있을 때 래스키를 찾아보고 독서 등에 관해서 가르침을 받도록 권고했을 정도로 래스키를 존경했다. 후에 인도의 대통령이 된(1997년부터 2002년까지) 나라야난(K. R. Narayanan)은 1945년에 런던경제정치대학 정치학과에 입학하여 1948년에 졸업한 래스키의 제자다. 래스키는 그가 졸업하고 귀국할 때 당시 수상이 된 네루에게 직접 추천 편지를 써주어 그가 외교부 공무원으로 취직하도록 도와준 일화가 전해지고 있다.

래스키는 또 많은 중국인 제자와 추종자를 가지고 있었다. 래스키의 강의를 듣거나 지도를 받은 중국인 제자들은 런던경제정치대학에서 유학한 학생 외에 미국 유학 중 래스키의 강의를 들었거나 개인적으로 그를 찾아 지도를 받고 그의 저서를 통해서 영향을 받은 사람도 많았다. 루오롱지(羅隆基)는 1920년대 미국 컬럼비아대학에서 정치학을 공부하며 박사과정을 밟고 있을 때 런던으로 가서 래스키의 지도를 받으며 학위논문을 준비했다. 그는 컬럼비아대학에서 박사학위를 받고 귀국해서 정론 잡지 「신월(新月)」을 창간하여 래스키의 저서들을 번역 발표하고 페이비안 사회주의 운동을 소개했다. 그는 전시에 쿤밍(昆明)에 피난해있던 서남연합대학(西南聯合大學) 정치학과 교수로 있다가 국민당 을 비판하면서 공산당원이 아닌 자유주의자와 사회주의자 정치세력을 규합하여 '제3의 길'을 모색하는 '중국민주동맹' 조직을 주도했다. 전후 민주동맹은 다른 민주당파들과 더불어 공산당 주도의 사회주의 정권 수립에 참여했는데 그는 민주동맹의 부주석으로 사회주의 정권 초기 정무원 산림공업부장으로 입각했다. 그러나 그는 1950년대 말 공산당에 의해서 '반 사회주의 우파분자'로 비판받고 숙청되어 불운한 말년을 보냈다.

1920년대 30년대에 런던경제정치대학에 유학하여 래스키 지도하에 정치학을 공부하거나 다른 전공을 공부하면서 래스키의 강의를 청강한 중국인 유학생들이 많았다. 런던경제정치대학에 유학하여 사회학을 공부하고 베이징대학(北京大學)과 칭화대학(清華大學)의 교수를 역임한 현대 '중국 사회학의 아버지'로 불리는 페이샤오퉁(費孝通)도 그 중 한 사람이다. 그도 사회주의 정권 하에서 민주동맹의 지도자였는데 문화대혁명 기간 중 '주자파(走資派)' 우파분자로 비판받고 고초를 겪었다. 1930년대 중견 언론인 생활을 정리하고 런던경제정치대학에 유학하여 래스키에게서 정치학을 배우고 귀국해 상하이(上海)의 푸단대학(復旦大學) 교수가 된 추안핑(儲安平)도 비슷한 행로를 걸었다. 그는 상하이에서 정론지 「관찰(觀察)」을 창간하여 진보적 자유주의 지식인들의 활동을 주도했다. 그 역시 민주당파 인사로서 사회주의 정권 수립에 참여하여 「광명일보(光明日報)」의 총편집으로 일하다가 1950년대 말 우파분자로 비판받고 고난을 당했다.

샤오공취안(蕭公權)은 래스키의 직접적인 지도를 받은 제자는 아니지만 책을 통해서 래스키를 공부하고 강의실에서 래스키의 정치학을 소개한 사람이다. 그는 미국 미주리대학(University of Missouri)에 유학할 때 지도교수인 세이빈(George Sabine)의 권유로 래스키의 다원주의 국가론을 주제로 석사학위 논문을 썼고[14] 귀국하여 칭화대학에서 강의하면서 중국 학생들에게 래스키를 소개했다. 사회주의 정권 수립 후 그는 미국으로 가 시애틀(Seattle)의 와싱턴대학(University of Washington)에서 교수로 활동했는데 중국정치사상사 연구로 잘 알려진 학자다.

래스키는 중국문제에 관심을 가지고 일본의 중국 침략을 반대하는 활동도 벌렸는데 1931년 제자들의 초청을 받아 중국 방문을 추진하던 중 중일전쟁의 발발로 실현되지 못했던 일도 있었다. 래스키의 정치학 특히 그의 민주사회주의 이론은 국민당의 권위주의 통치와 공산당의 혁명노선을 다 극복할 수 있는 '제3의 길'을 모색하던 진보적인 중국 지식인들에게 큰 영감을 주었다.[15] 1929년 말 1930년 초에

14 蕭公權, 『問學諫往錄: 蕭公權治學慢憶』(上海: 學林出版社, 1997), p. 53.

15 孫宏雲, "民主社會主義與民國政治: 拉斯基在中國的影響,"『二十一 世紀』(2008年 8月號), pp. 50-59.

구미유학 후 귀국한 지식인 중심으로 잠시 시도되었던 중국판 페이비안 협회 '평사(平社)' 운동과 '중국민주사회당' 조직 그리고 '영국식 의회주의와 소련식 경제 민주주의'를 강령으로 채택한 '중국민주동맹'을 주도한 세력은 모두 래스키 학도였다.[16]

싱가포르의 국부로 추앙받았던 리콴유(李光耀)도 캠브리지대학 입학 전 잠시 런던경제정치대학에서 래스키의 정치학 강의를 수강했다고 회고했다.[17] 한국에도 래스키의 직접적인 제자는 아니지만 래스키의 정치학을 한국 학계에 적극적으로 소개한 래스키 학도가 있다. 서울대학 정치학과 교수를 역임하고 한국정치학회를 창설하여 회장직을 맡으며 해방 후 초창기 한국 정치학의 건설과 발전을 위해 지도적인 역할을 한 민병태(閔丙台)가 그이다. 그는 대학 강의를 통해서 래스키의 정치학을 소개하고 래스키의 저서들을 번역하여 출간하기도 했다.[18]

그 밖의 특별한 제자들

래스키가 런던경제정치대학에서 가르친 특별한 미국인 제자가 있었다. 프랭클린 루즈벨트 대통령 시기 영국주재 미국 대사를 역임한 케네디(Joseph Patrick Kennedy)는 그의 아들을 잘 키워 미국의 대통령으

16 盧毅, "平社與費邊社淵源初探: 兼論拉斯基學說在中國,"『學術研究』(2002年 第3期), pp. 74-79.

17 Lee Kuan Yew, *the Singapore Story*(Singapore: Singapore Press Holdings, 1998), pp. 104-105.

18 김학준,『공삼민병태교수의 정치학』(서울: 서울대학교 출판문화원, 2013), pp.121-129.

로 만들고 싶은 야심을 가지고 있었다. 그는 1933년 여름 그의 친구인 하버드대학 로우 스쿨 교수이자 루즈벨트 대통령 측근 자문이었던 프랑크풀터를 만나 그의 맏아들 (Joseph Patrick Kennedy Jr.)의 교육문제를 상담했다. 그는 고등학교를 졸업하고 하버드대학 진학을 앞두고 있었던 아들을 잠시 영국에 유학시켜 독립심도 기르고 견문을 넓혀주고자 했다. 프랑크풀터는 그의 뜻을 이해하고 그의 아들이 래스키 교수의 지도를 받도록 추천해주었다.[19] 래스키는 케네디가 맏아들의 대통령 수업 지도를 맡게 된 셈이다. 그는 그 특별한 제자를 특별히 대했다. 아들 케네디를 유럽 여러 나라를 여행하며 견문을 쌓도록 하고 모스코바를 방문하는 길에 동행하도록 배려했다. 후에 아들 케네디는 하버드대학 졸업논문을 기초로 해서 쓴 영국의 대독일 정책에 관한 책을 출간했는데 영국주재 미국대사로 런던에 머물던 아버지 케네디는 아들의 첫 저서를 자랑삼아 처칠 수상과 래스키 교수에게 각각 한 권씩 증정했다. 특별히 래스키에게는 그 책에 대한 격려의 서평을 부탁했다. 그런데 래스키는 고지식하게도 그 책이 매우 미숙한 글이며 그 책의 저자가 당신의 아들이 아니었다면 어느 출판사가 그런 책을 내겠느냐고 직설적으로 핀잔을 하면서 자신이 지도한 그의 아들을 더 이상 상처 받게 하지 않기를 바란다는 혹평의 편지를 보냈다. 두 사람 간의 관계는 그러한 사적인 감정 상하는 일과 정견의 차이 때문에 단절되었다. 그 아들 케네디는 해군 장

19 David Nasaw, *The Patriarch: The Remarkable Life and Turbulent Times of Joseph P. Kennedy*(New York: The Penguin Press, 2012), p.198.

교로 참전하여 특수 작전 중 전사했다. 그러나 아들을 미국의 대통령으로 만들려는 아버지 케네디의 꿈은 둘째 아들(John F. Kennedy)이 1961년 제35대 미국 대통령에 당선됨으로써 실현됐다.

래스키의 특별한 관심과 배려로 세계적인 대학자로 성장한 두 사람의 제자가 있다. 즉 노이만(Franz Neumann)과 밀리반드가 그들이다. 노이만은 독일계 유태인으로 독일 사회민주당에 가입하여 활동하다가 나치의 탄압을 피해 영국으로 망명했는데 런던경제정치대학 정치학과에 입학하여 래스키의 제자가 되었다. 그는 졸업 후 래스키의 추천으로 뉴욕의 컬럼비아대학 캠퍼스로 옮겨가 있던 '사회조사연구소(Institute for Social Research)'의 연구원으로 취직했다. 당시 그 연구소는 이른바 프랑크푸르트 학파(Furankfurt School)의 거점으로 홀크하이머(Max Horkheimer)와 아도르노(Theodor Adorno) 등이 주도하고 있었다. 노이만은 2차 세계대전 말기 미국 군사정보기관인 OSS의 연구분석부에서 마르쿠제(Herbert Marcuse), 킬크하이머(Otto Kirkheimer) 등과 더불어 독일 정세 분석 및 점령지역 탈 나치화 지침 작성 등의 과제를 담당했다. 그는 전후 미국 국무부에서도 일했고 1948년부터 컬럼비아대학 정치학 교수가 되었다. 그는 전후 연합군 점령군과 독일군정 당국이 추진했던 독일 민주화 계획의 정치재교육을 지원하기위해 다른 '망명 정치학자들'과 같이 차출되어 독일에 체류했는데 이때 그는 독일 내 대학의 정치학과 설립과 정치학 강좌 개설 등 정치학 제도화를 지원하는 일에 주도적인 역할을 했다. 그는 1948년 개교한 베르린 자유대학(Free University of Berlin)에서 1950년부터 1952년

까지 정치학을 강의하면서 독일정치학회 창립을 지원하는 등 2차 세계대전 후 독일 정치학의 발전에 기여했다.[20] 그는 1954년 스위스 여행 중 교통사고로 사망했는데 유족인 그의 부인은 후에 그의 친구였던 마르쿠제와 재혼했다.

밀리반드는 1924년 벨기에의 브루셀(Brussel)에서 유태인 부모의 아들로 태어났다. 그는 1940년 16세 때 그의 아버지와 함께 영국으로 피난해 왔다. 그는 처음 런던의 하이게이트 묘지(Highgate Cemetery)에 있는 칼 마르크스(Karl Marx)의 묘소를 참배하고 노동자를 위한 삶을 다짐했다. 그는 17세 때 런던경제정치대학에 입학하여 래스키로부터 정치학을 배웠다. 그는 대학 재학 중 해군 정보장교로 입대하여 복무한 후 1947년에 대학을 졸업했는데 래스키 교수의 배려로 1949년부터 모교에서 정치학을 강의하기 시작했다. 그는 1948년 영국 국적을 취득하고 래스키의 권유로 노동당에도 가입했다. 그는 리드대학(University of Leeds)의 교수를 역임하고 미국과 캐나다의 여러 대학에서 강의하면서 래스키의 학문을 계승 발전시킨 대표적 좌파 정치학자로 세계적 명성을 얻었다. 그의 두 아들은 다 후에 영국노동당원으로 하원의원에 당선되었고 큰 아들은 외교부 장관이, 작은 아들은 에너지 기후 장관이 되었다.

---

20 Marjorie Lamberti, "Returning Refuge Political Scientists and America's Democritization Program in Germany after the Second World War," *German Studies Review, Vol. 32. no. 2*(2008), pp. 263-284.

5. 영국노동당 좌파의 선봉장

좌파 독서모임 운동

1931년 가을 총선거에서 노동당이 참패한 후 노동당 내에서는 강경좌파 그룹이 등장하여 '사회주의연맹(socialist league)'을 결성됐다. 이때 래스키는 좌파 이론가로서 지도적인 역할을 했다. 1930년대 후반 이후에는 래스키의 정치참여가 더욱 치열함을 보여주었다. 영국에서는 보수당의 지배가 점점 강화되어 1935년 맥도날드 거국내각이 붕괴되고 보수당 단독정부인 발드윈(Stanley Baldwin) 내각이 들어섰다가 이어 1937년에는 쳄버레인(Neville Chamberlain)내각으로 계승되었다.

한편 스페인 내전의 발발과 독일 나치정권의 노골적인 침략정책 강화로 인하여 영국 내의 이념적 좌경화 분위기는 더욱 고조되었다. 노동당 내에서는 온건파 지도부를 비판하는 좌파 강경파 세력이 힘을 받게 되었다. 당시 영국사회의 이념적 좌경화 분위기를 가장 잘 들어낸 것이 '좌파 독서모임(Left Book Club)' 운동이었다. 래스키는 당시 반 파시스트 '통일전선(United Front)'으로 발전한 이 운동에서 지도적인 역할을 했다. 이 운동은 래스키의 대학 동창 친구 골란츠(Victor Golancz)의 아이디어로 시작되어 래스키와 노동당 소속 하원의원 스트래치(John Strachey)가 협력하여 주도한 것이었다. 골란츠는 기독교사회주의자로 출판업에 종사하고 있었는데 가격이 저렴한 도서를 출판하여 고정 독자를 확보하는 사업을 구상했다. 그는 월간의 책 소식 잡지를 창간하여 독서모임 운동을 전개하면서 매월 추천도서를 선정 발표하도록 했다. 이 때 추천 도서 선정과 서평 집필을 담당한 이가 래스키였다. 독서모임 운동은 큰 성공을 거두어 6만여 명의 회원을 확보하고 1200여 개의 독서모임을 조직하였다. 독서모임에는 노동자들은 물론 과학자 건축가 교사 언론인 시인 음악가 배우 등 다양한 직업 직종의 사람들이 참여했다. 회원 중에는 노동자들보다 전문직의 중산계층 사람들이 더 많았다. 또 독서모임 중에는 러시아어 학습반이나 소련여행단 등이 조직되기도 했다. 이러한 좌파 독서모임 운동은 반 파시즘의 입장과 사회주의 이념을 보급하는 한편 좌파 통합을 추진하는 정치운동으로 발전했다. 따라서 이 운동은 공산주의자에 대해서도 개방적인 입장을 취하고 노동계급 정당들의 통합을 주장했다. 그러나 노동당 지도부는 스페인 내전에의 개입을 주장하고 소련공산당의 파시즘 반대 정책을 찬양하는 좌파 독서모임 운동을 경계했다. 노동당 전국집행위원회는 그러한 '통일전선' 주장에 대해서 그것은 공산당이 노동당을 장악하려는 의도를 가지고 있는 것이라고 비판했다.

래스키는 1937년부터 노동당 전국집행위원회 위원이 되어 당내 좌파 그룹의 선봉장 역할을 하면서도 저술 활동을 계속했다. 1936년에는 『유럽자유주의의 등장』를 1938년에는 『영국의회정부론』을 출간했다.[21] 여기서 래스키는 언론의 자유와 결사의 자유는 특정한 부

21 Harold Laski, *The Rise of European Liberalism: An Essay in Interpretation*(London: Allen and Unwin, 1936); *Parliamentary Government in England*(New York: Viking, 1938).

르주아적 가치가 아니라 역사를 관통하는 보편적 가치라고 주장하고 그의 자유주의적 마르크스주의의 신념을 분명히 했다. 그는 또 평화적 변혁을 추구하는 의회주의적 입장을 견지했다. 그는 1930년대 후반에는 거의 매년 미국을 방문하여 장기 체류하면서 여러 대학에서 강의도 하고 정치계 언론계 인사들과도 만났다. 특히 래스키는 1938년 가을부터 1939년 봄까지 부인과 딸을 동반하고 미국에 머물면서 뉴욕의 뉴 스쿨(New School for Social Research)을 비롯한 여러 미국의 대학을 순회하면서 강의했다. 이 때 인디애나대학(University of Indiana)에서 행한 특강을 정리한 저서가 『미국 대통령제 해설』이다.[22] 래스키는 이 책을 루즈벨트 미국 대통령에게 증정했다. 래스키는 프랑크풀터를 통하여 루즈벨트 대통령을 만났으며 그와 우호적인 대화를 나누고 뉴딜정책을 지지했다. 래스키는 루즈벨트가 링컨 대통령 이래 가장 훌륭한 미국 대통령이라고 찬양하기까지 했다.

인민전선과 '동의에 의한 혁명'

유럽의 정세는 1938년 독일의 오스트리아 합병과 체코 침공으로 급격히 악화되고 대독 유화 외교정책(appeasement foreign policy)을 추구하던 챔버레인 내각은 위기를 맞게 되었다. 래스키가 주도하던 노동당 좌파는 국제적 상황의 악화로 '통일전선' 노선이 빛을 잃게 되자 '인민전선(popular front) 노선으로 전환했다. 노동당 좌파는 국제연맹

22 Harold Laski, *The American Presidency: An Interpretation*(London: Allen and Unwin, 1940).

을 지지하며 유화정책과 집단안보를 추진하던 챔버레인 내각을 비판하면서 자유당 및 처칠을 포함한 보수당 내의 일부 불만세력들과 선거연합을 꾀했다. 즉 챔버레인 내각을 지지하는 의원들의 선거구에 단일 대항 후보를 추천하기위한 협약을 추진했다. 이는 노동당 좌파 노선의 극적인 전환을 의미했다. 그들은 '평화를 위한 민주동맹(democratic alliance for peace)'를 추구하기 위해서 잠시 진정한 사회주의 성취를 유보할 수 있음을 시사했다. 자유당 급진파와 심지어 보수당 중도파까지도 '인민전선'에 관심을 보였다. 노동당 지도부는 처음에는 좌파가 추구하는 '인민전선'을 지지하다가 공산당의 참여 반대를 이유로 거부했다.

이런 가운데 나치 독일군의 체코 점령에 이은 폴란드 침공으로 사태는 더욱 급박하게 전개되었다. 영국은 1939년 9월 대독일 전쟁을 선포했다. 노동당 좌파는 대독일 전쟁을 지지하고 전쟁을 반대하는 공산당을 비판했다. 그러나 래스키는 전쟁 수행 중에도 사회주의 개혁은 계속 추진해야한다고 주장하면서 챔버레인 내각을 비판했다. 결국 1940년 5월 노르웨이(Norway) 전투에서 영국군이 독일군에게 패배한 책임 문제로 챔버레인 내각이 붕괴하고 처칠을 수상으로 하는 전시 거국내각이 성립하게 됐다. 처칠 내각에는 노동당의 애틀리(Clement Attlee)가 부수상으로 참여했다. 래스키는 애틀리의 부탁에 따라 그의 자문관으로 참여하여 협력했다. 이 때 래스키는 대미국정책과 사회입법 등의 문제에 저극 관여하면서 처칠 내각의 전쟁정책을 지지했다. 래스키는 처칠이야말로 영국역사상 '가장 위대한 인물 중의 하나'라고 찬양을 아끼지 않았다, 30년 전 소년 래스키에게 그랬던 것처럼 정치인 래스키에게도 여전히 처칠은 우상이었다.

래스키는 이제 노동당 내에서 확실한 좌파의 지도자로 자리매김했다. 그는 전시가 오히려 폭력 없이 사회주의를 달성할 수 있는 기회라고 생각했다. 그는 전시에는 모든 사회계층이 이기심을 넘어서서 나눔의 정신과 협동으로 공동체의 단결을 이루어내기 좋은 조건이기 때문에 근본적인 경제체제의 변경도 가능하다고 주장했다. 그는 권력과 특권을 가진 지배계급의 양보와 희생에 의한 이른바 '동의에 의한 혁명(revolution by consent)'을 주장했다. 래스키가 추구했던 목표는 파시즘이나 나치즘에 대한 전쟁의 승리에서 더 나아가 영국을 사회주의체제로 변혁시키는 것이었다. 래스키는 개인적으로도 처칠에게 직접 전시 중이라 하더라도 사회주의적 변혁 조치를 취해줄 것을 요청했다. 또 애틀리 부수상으로 하여금 사퇴와 연정 이탈 위협 등을 통해서 처칠로 하여금 사회주의 정책을 수용하도록 압박하도록 촉구했다. 그러나 전쟁 수행에 몰두하던 처칠은 그러한 요구와 압력을 거부했고 래스키의 처칠에 대한 기대는 실망으로 바뀌었다. 결국 래스키는 처칠 비판자로 돌아섰다. 애틀리는 조정과 타협을 이끌어낼 줄 아는 유능한 정치인이었다. 그러나 그는 매사를 극단으로 몰아가는 래스키의 태도에 불만을 갖게 되고 두 사람 간의 협력 관계도 중단됐다.

래스키가 왕성한 정치활동을 벌이던 기간 중에 그의 사생활에는 변화가 있었다. 1941년 외손자를 얻는 기쁨과 아버지를 잃는 슬픔이 교차했다. 그의 유일한 혈육이었던 딸이 대학의 고전학 교수와 결혼하여 첫 아들을 낳았고 건강하던 아버지가 불의의 교통사고로 사망했던 것이다. 래스키는 처칠 수상으로부터 애도와 위문의 편지를 받았다. 처칠과 애틀리에 대한 래스키의 비판은 그에 대한 보수당의 공격을 촉발시켰다. 보수당 의원들은 래스키의 신상문제를 들추어내서 공격을 벌였다. 예컨대 보수당 의원들은 래스키가 1차 세계대전 기간 중에 캐나다와 미국에 가 있었던 것을 병역 기피 의도가 있었던 것이라고 비난했다. 래스키의 애국심을 의심하는 보수적 여론의 근저에 깔린 유태인에 대한 편견을 들어낸 것이다. 래스키는 자신이 당시 세 차례나 입대 지원을 해서 거부당한 증거들을 제시하며 반박하여 사과를 받아냈다.

노동당 집권의 초석

래스키는 1941년 나치 독일군의 소련 침공 이후 영국이 소련과 보다 긴밀하게 협력하여 독일에 대항할 것을 주장했다. 그는 소련의 대 독일정책을 평가하면서 소련의 사회주의 혁명을 '새로운 문명(new civilization)'의 창조라고 찬양하는 적극적 친 소련주의자가 되었다. 그는 소련공산당 정권이 문맹 인구의 완전 해소 , 대대적인 산업화와 과학기술의 승리를 이룩하여 실업과 무지라는 문화생활의 두 적을 제거하는데 성공했다고 말했다. 1943년에 출간된 『우리 시대의 혁명에 관한 성찰』과 1944년에 출간된 『신념, 이성 그리고 문명』

은[23] 그의 소련관을 핵심 주제로 하는 책이었다. 래스키는 긍정적(또는 적극적) 자유(positive freedom)와 부정적(또는 소극적) 자유(negative freedom)을 구별하여 긍정적 자유란 개인적 목적과 공동체적 목적을 조화시키기 위해서 국가가 기회를 조직화하는 것이고 부정적 자유란 국가가 개인적 권리와 특권을 보호하는 것이라고 했다. 그는 진정한 자유는 긍정적 차원에서 비로소 시작된다고 하면서 사회주의는 독재의 국면에서는 자유의 제한이 있긴 하지만 진정으로 시민의 지위를 고양시켜준다고 주장했다. 그러나 그는 스탈린식의 억압을 지지하지는 않았다.

래스키의 과격하고 비타협적인 정치적 행보는 당내 온건파로부터 그리고 심지어는 그의 미국 친지들로부터도 비난을 받았다. 그와 프랑크풀터와의 관계도 소원해지고 리프만과의 관계도 나빠졌다. 래스키는 미국 루즈벨트 대통령의 스페인 프랑스 그리고 이탈리아 우파 정권에 대한 지지정책을 공개적으로 비판하고 뉴딜정책도 대기업에게 장악되어 실패했다고 주장했다. 이 시기 래스키는 육체적 정신적인 피로와 신경쇠약으로 고생했다고 한다. 래스키는 독일에서 벌어지고 있었던 유대인 학살(Holocaust)에 관한 소식들과 만연한 반유태인 정서에 더욱 민감하게 반응했다.

래스키는 1943년 노동당 전국집행위원회의 선임 의장 두 사람이 연이어서 사망 또는 신병으로 당무 수행이 어렵게 됨에 따라 의장의

---

23 Harold Laski, *Reflections on the Revolution of Our Time(New York: The Viking Press, 1943); Faith, Reason and Civilization*(New York: The Viking Press, 1944).

역할을 대행하다가 연말 당 대회에서 정식으로 의장으로 선출되었다. 그가 전국집행위원회 의장으로 활동하면서 온건파 당 지도부와의 불화는 더욱 심해졌다. 래스키는 인도의 차치 허용 문제와 팔레스타인에 유태인 국가를 건설하는 문제에 관해서 당 지도부와 충돌했다.

1945년 래스키는 개인적으로 어머니를 잃는 슬픔이 있었지만 다른 한편 또 하나의 외손자를 얻는 기쁨도 있었다. 1945년 5월 8일 유럽전선에서 연합군의 승리로 전쟁이 종료됨에 따라 처칠의 전시내각이 무너지고 새로운 정부를 구성하기위한 총선거가 실시되었다. 래스키는 당내에서 애틀리의 퇴진을 요구하며 지도부의 교체를 시도했으나 여의치 않았다. 래스키는 선거운동 기간 열성적으로 지원유세 활동을 벌였다. 그런데 선거운동이 시작되면서 보수당은 노동당에 대한 적극인 이념공세로 나왔다. 처칠은 전국에 방송되는 라디오 연설을 통해서 사회주의는 영국의 자유이념이 용납할 수 없는 것이라는 주장을 폈다. 그는 또 사회주의는 전체주의와 분리될 수 없는 체제라고 주장하면서 노동당이 집권하여 사회주의 정부가 들어서면 나치 독일의 게슈타포(Gestapo)와 같은 국민을 감시하는 비밀경찰을 만들 것이라고 선동했다.

보수당은 선거운동에서 래스키에 대한 공격에 초점을 맞추었다. 래스키는 뉴악(Newark)에서 노동당 후보 지원 유세를 하는 과정에서 한 청중의 돌발 질문에 답변하다가 실수를 했다. 한 청중이 연설을 마친 래스키에게 다가가 왜 전쟁 중에 폭력에 의한 혁명을 공공연히 옹호했느냐고 따져 묻자 래스키는 화를 내면서 만약 노동당이 추진하는 '동의에 의한 혁명'이 달성되지 못하면 그것은 폭력에 의해서 이루어질 수밖에 없을 것이라고 응수했다. 그런데 보수계 신문인 「뉴악 애드버타이서(Newark Advertiser)」와 「데일리 익스프레스(Daily Express)」는 래스키가 폭력혁명을 옹호하는 발언을 했다고 왜곡해서 보도했다. 래스키는 즉각 그것이 오보라고 해명했으나 일부 언론들은 래스키에 관한 부정적 보도를 계속하여 선거에 영향을 미치도록 이용하려고 했다. 심지어 보수당은 래스키가 의원 후보로 출마하지 않은 것은 그가 마음속으로 사회주의 혁명의 목적을 품고 있으며 의회를 낡은 제도로 경멸하는 생각을 갖고 있기 때문이라고 모함하기도 했다. 래스키는 신문사를 명예훼손죄로 고소했다.

노동당 지도부마저 래스키의 과격 이미지가 당에 나쁜 영향을 미칠 것을 우려하여 래스키의 행동을 경계했다. 선거 기간 중 처칠은 노동당 지도자인 애틀리에게 7월 포츠담(Potsdam)에서 열리기로 예정되어있었던 연합국 국가원수들과의 회담에 동행하자고 제의했다. 처칠은 아직 선거 결과가 나온 것은 아니지만 혹시 정권교체가 이루어지더라도 영국 대외정책의 계속성을 과시하려는 의도를 가지고 있었다. 래스키는 애틀리에게 회담에 동행하더라도 자문에 응하는 것일 뿐 회담 결과에 영국노동당이 구속되는 것은 아니라는 입장을 분명히 할 것을 요구했다. 처칠은 그에 대해서 노동당은 '꼬리가 강아지를 흔드는' 정당이라고 비아냥했다. 애틀리도 전국집행위원회 의장이 자기에게 지시할 권한은 없으며 래스키의 발언이 공식적인 권위를 갖는 것도 아니라고 일축했다. 언론은 사회주의자들이 분열했다고 대서특필했다. 이런 과정으로 치러진 전후 첫 총선거의 결과는 예상과 다르게 노동당의 대승리로 나타났다. 노동당은 단독으로 내각을 구성할 수 있게 됐고 처칠과 동행하여 포츠담 회담에 다녀온 애틀리는 수상이 됐다. 노동당은 집권했지만 정부 내에 래스키가 앉을 자리는 없었다.

좌절의 시간과 최후

총선거가 노동당의 승리로 귀결된 후 래스키는 애틀리에게 화해의 편지를 보내고 자신을 주미대사로 임명해줄 것을 요청했다. 자신은 25년 간 노동당에 봉사해왔고 또 미국을 잘 아는 전문가이기 때문에 적격자라고 강조했다. 그러나 애틀리는 래스키의 청을 들어주지 않았다. 당시의 정치적 상황으로 보아 래스키의 청을 들어주기가 어려웠을 것이다. 2차 세계대전 종전 후에는 미국과 소련 간의 경쟁이 격화되어 냉전으로 치닫고 있었다. 영국은 전후 복구를 위해 경제적으로 미국에 크게 의존할 수밖에 없었는데 미국은 영국의 새 노동당 정부의 확고한 반공주의적 태도를 요구했다. 미국의 보수적인 언론은 심지어 영국 유권자들이 처칠을 내쫓고 래스키를 불러들였다고 인식할 정도로 노동당 정부를 경계의 눈초리로 바라보고 있었다.

1946년 여름 래스키는 소련과 미국을 방문하는 기회가 있었다. 그는 7월 말부터 2주 간 노동당 친선사절단의 일원으로 소련 모스코바와 레닌그라드를 여행하면서 공장 병원 학교 등 사회주의 혁명의 현장을 시찰하고 공산당 간부들과 회담도 했다. 이때 래스키는 특별히 스탈린과 장시간 단독 면담을 갖는 기회를 가졌다. 래스키는 스탈린에게 '사회주의 인터내셔널(Socialist International)' 조직 계획을 설명하고 지지를 요청했지만 긍정적 반응을 얻지 못했다. 래스키는 '사회주의 인터내셔널'을 추진하기위해 독일과 이탈리아 사회주의 정당 지도자들과도 접촉했지만 그들의 소극적인 태도로 성공하지 못했다.

래스키는 또 8월 말부터 두 달 간 미국을 방문했다. 미국 방문 중 그는 프린스턴대학(Princeton University) 설립 200주년 기념행사에 초청받아 강연하면서 궁극적인 세계평화는 국가들이 주권을 포기하고 국제정부(International Government)를 성공시킬 때에 가능하다고 주장했다. 그는 이때 케난(George Kennan)을 만나 대화하면서 스탈린과의 면담 내용을 소개하고 미국이 소련을 보다 잘 이해하는 것이 중요한데 경계할 필요는 없다고 말했다.

이보다 앞서 1945년 11월 런던에서는 국내외의 관심을 끈 래스키와 관련된 재판이 열렸다. 총선거 기간 중에 있었던 래스키의 명예훼손 고소에 관한 재판이 시작된 것이다. 노동당 지도부는 선거에서 승리했으므로 이미 시민의 심판을 받았다고 인정하고 래스키가 고소를 취하해줄 것을 희망했으나 래스키의 개인적인 생각은 당의 입장과 달랐다. 그는 자신이 견지해온 의회주의와 사회주의에 대한 신념을 의심받았기 때문에 재판을 통해서 명예를 되찾겠다고 고집했다. 래스키는 그를 공격하는 동기가 반유태주의의 정서에서 기인한 것이기 때문에 공개적으로 대응할 수밖에 없다고 했다.

런던 고등법원에서 진행된 그 재판은 국내외적으로 큰 관심을 끌었다. 재판은 7명으로 구성된 특별재판부가 담당했다. 피고인 즉 신문사 측의 사주인 베어러부룩(Lord Bearerbrook)은 변호인으로 노동당원과 페이비안협회 회원이었다가 탈퇴한 사회주의자 해스팅스(Sir Patrick Hastings)를 선임하고 뉴악 유세 당일 질문을 했던 기자를 증인으로 출정시켰다. 피고 측 변호인 해스팅스는 재판정의 심문 과정에서 래스키에게 모욕적인 언사로 질문 공세를 취면서 폭력혁명을 주장하는 사회주의자로 몰았다. 특히 그는 래스키의 저서 『민주주의의 위기』의 일부 내용을 지적하면서 래스키가 자본주의 체제를 전복시키는 폭력적 혁명을 통해서 영국을 사회주의 국가로 만들려고 한다고 주장하는 등 사상 공격에 초점을 맞추려 했다. 래스키는 자신은 사회적 평화의 유지와 폭력의 회피가 영국 사회가 지향해 가야 할 가장 중요한 목표의 하나라는 견해를 가지고 있으며 그것이 자신이 공산당원이 아니고 노동당원인 이유라고 응수했다.

재판장은 래스키에게 선거 유세 중 발언의 진위에 관해 질문하면서 '동의에 의한 변혁'이 성공하지 못한다면 폭력에 의한 혁명이 초래될 것이라고 말했는데 그 폭력적 혁명을 누가 주도하는 것이냐고 물었다. 래스키는 자신의 발언 취지는 폭력을 고취하려는 것이 아니라 폭력이 초래되는 것을 경고한 것이며 혁명의 불가피성을 언급한 것도 혁명의 위험성을 경고하려는 의도였을 뿐이라고 주장했다. 재판관들은 당시 신문의 기사가 공공집회에 관해서 정확하게 보도했다고 피고 측의 손을 들어주고 재판 비용을 원고 측이 부담하도록 하는 판결을 했다. 그러한 판결은 보수적인 여론의 영향과 재판관들의 편견이 적지 않게 작용한 결과였지만 명예 회복을 기대했던 래스키에게는 큰 실망을 안겨주었다. 래스키는 대학당국에 교수 사직서를 내고 당에 당직 사퇴서를 제출했으나 모두 반려됐다. 래스키는 재판 비용 부담을 위해서 살고 있던 집과 책을 팔려고 했다. 그러나 노동당은 당 차원에서 래스키 돕기 모금운동을 시작하였고 영국과 미국 등에서 모금한 후원금 총액이 1만 4천 파운드에 달했다. 재판 비용 1만 2천 파운드를 지불하고 2천 파운드가 남았다. 그에게는 국내외로부터 4천여 통의 격려편지가 답지했다. 재판에서는 졌지만 그의 명예는 사실상 회복되었다.

그러나 재판에서 패소한 후 래스키의 당내 권위는 크게 실추했다. 그는 의원직도 갖고 있지 않았고 또 새로 등장하는 젊은 세대 당원들은 그의 말을 존중하려 하지 않았다. 그는 당 국제문제 분과위원장으로서 외교정책에 관심을 기울였으나 그의 애틀리 수상과 내각에 대한 실망감은 더욱 깊어졌다. 그는 1948년에 있었던 소련의 체코 침공으로 큰 충격을 받았다. 자유로운 사회주의 유럽을 기대하던 그의 꿈은 깨지고 있었다. 그는 냉전체제의 도래에 불안감을 갖게 되고 그의 정치적 발언은 낙담과 냉소 투로 변해갔다. 그는 정치에 대한 환멸과 회의를 절감하면서 강의와 집필 등 학문 세계로 복귀하려는 노력을 통해서 위안을 찾으려고 했다. 이때 그는 공산당 선언(Communist Manifesto) 100주년 기념으로 출간한 새로운 주석을 첨가한 신판을 편집 주석하고 『현대국가에서의 자유』의 개정판을 출간했다. 이어서 그는 『미국 민주주의: 논평과 해석』 그리고 『새로운 사회의 노동조합』을[24] 출간했다. 래스키는 프롤레타리아 독재를 부인하며 소련공산당의 1당 독재를 비판했다. 반면에 미국의 민주주의 체제에 대해서는 긍정적으로 평가했다. 래스키의 미국 민주주의 분석은 진부하고 교조적이며 변화하는 정치사회 현상을 잘 파악하지 못했다는 비판도 받았다. 래스키는 미국의 노동자들이 미국노동당을 창당할 것을 촉구하기도 했다.

래스키는 미국 내 유태인 사회가 주도하여 신설이 추진되고 있던 브랜다이스대학(Brandeis University)의 초대 총장으로 초빙 제의를 받았으나 거절했다. 당시 대학 설립위원의 한 사람이었던 아인슈타인(Albert Einstein)이 래스키에게 초청 편지를 보냈는데 래스키는 건강상의 이유와 자신이 행정 업무에 부적합하다는 이유로 수락을 거부했다. 그러나 당시 래스키의 총장 취임 불발에는 또 다른 배경이 있었다. 전후 미국사회 내의 반공산주의적 분위기가 그것이었다. 실은 당시 대학재단 이사장이었던 유태인 변호사 앨버트(George Albert)가 래스키를 총장으로 초빙하는 것은 기금 모금에 방해가 되며 또 미국 민주주의 원칙과도 상치되는 것이라고 그의 초빙을 반대하여 아이슈타인과 갈등을 빚고 결국 아인슈타인도 설립위원 직을 사임했던 것이다.

24 Harold Laski, *The American Democracy: A Commentary and an Interpretation*(New York: The Viking Press, 1948); Trade Union in the New Society(London: Allen and Unwin, 1949).

래스키는 건강이 나빠져 1948년 9월 페이비안 협회 의장직을 사임했고 1949년에는 노동당 의장직도 사임했다. 래스키는 아픈 몸임에도 불구하고 죽기 한 달 전까지 출강하고 선거유세에 나서는 등 무리하게 일에 몰두했다. 그는 방학을 이용해서 미국의 여러 대학에서 강의를 하고 학자들을 만날 계획도 세우고 있었는데 그의 건강이 급격히 악화되었다. 그는 1950년 3월 24일 부인과 딸이 임종을 지켜보는 가운데 눈을 감았다. 향년 57세였다. 그의 장례식은 많은 동료 교수와 제자 학생들 그리고 애틀리 수상 등 비롯한 노동당원들이 애도하는 가운데 거행되었다. 마지막 가는 길에서 그를 태우고 간 운구차는 제자이자 동지였던 인도인 메논이 주선해서 빌린 인도 대사관 관용차 롤스 로이스(Rolls Royce)였다.

6. 민주사회주의 전도사

정치학자 정치학 교수 그리고 정치인으로서의 래스키에 대한 평가는 평가하는 입장에 따라서 차이가 나고 또는 상반되기도 하겠지만 '정치의 교사(teacher)' 또는 '이념의 전도사(preacher)'로서의 래스키를 높이 평가하는 점에서는 이의가 없는 것 같다. 래스키의 후임으로 런던경제정치대학의 정치학 교수를 지낸 크리크(Bernard Crick)는 래스키가 정치철학자나 정치사상가라기 보다는 정치의 교사나 이데올로기의 설교자였다고 평했다. 래스키는 많은 저술을 했지만 독창적인 사상가나 이론가로 평가받지는 못했다. 그의 다작과 대중적 글쓰기는 학술성이 다소 부족하다는 평가와 무관치 않으며 그래서 그를 정치적 저널리스트로 보는 혹평도 있다.

래스키는 또 지식인의 정치사회참여라는 관점에서 볼 때 실패의 사례에 해당한다고 볼 수 있다. 정치인으로서의 그의 역할은 실현 불가능한 모순된 두 세계와 두 목표를 동시에 추구하는 것이었다. 그는 학문과 참정, 이론과 행동을 일치시키려고 노력했지만 그러한 시도는 사실에 부합하지 않는 내면적 신념을 들어내는 '정치적 환상(political fantasy)'의 영역이었다. 그의 정치사회참여는 내부자(insider)로서의 영향력 행사를 추구하면서 동시에 외부인(outsider)으로서 비판과 일탈의 역할을 자임하는 것이었다. 그는 권력자의 특권을 공격하면서 다른 한편으로는 그들에게 접근하여 그들의 영향력을 이용하려고 하는 모순된 행동과 이중적 태도를 보였다. 래스키는 노동당 당원으로 선거운동과 정책과정에서 영향력을 행사한 정치 활동가였지만 의원직이나 정부의 부서를 책임지는 직을 맡지 않았다. 그는 대중매체나 당 동료들이 그에게 교수 직함을 부쳐 '래스키교수'라고 호칭하는 것을 못마땅하게 생각했고 글을 발표할 때도 교수직함을 빼고 이름만 쓰도록 요구했다고 한다. 그는 지적 엘리트로서의 자존감을 가지고 있었으면서도 개인적 관계의 평등주의를 과시하려는 이중성을 보여주었다. 어째든 그는 학문적 정치적 평판보다 대중을 계몽하고 사회주의 가치를 구현하는 것을 더욱 중시했다.

그가 활동했던 시대는 전쟁과 혁명으로 세계정세가 격동하는 가운데 영국의 민주주의 정치제도와 영국 사회가 위기를 맞고 있었다. 그는 그러한 위기 상황을 타개하는 길은 일관되게 사회주의적 가치와 자유주의적 방식을 조화시키는 것이라는 신념을 견지하면서 평화적 민주적인 노선을 추구했다. 이런 점에서 그는 정치적 '제3의 길'을 제시한 선각자였다고 볼 수 있다. 래스키가 대학 교수로서 정치인으로서 그리고 공공지식인(public intellectual)으로서의 삶을 통해서 보여준 인상은 일관되게 기존의 가치나 기존체제에 저항하면서 새로운 가치와 체제를 추구하는 반항아 또는 방랑자의 그것이었다. 그런 의미에서 그는 영원한 좌파였다. 그렇기 때문에 그는 생애에 여러 차례 상식을 뛰어넘는 과감한 언행으로 물의를 일으키기도 했다. 보수주의자들은 그를 '악한 천재'로 인정하여 위험인물이라고 경계했지만 진보주의자들은 그를 앞을 내다보는 '예언가' 용감한 안내자로 여겼다.[25] 결국 그의 말년은 당으로부터 견책을 받고 배척당하는 망가진 모습으로 얼룩졌다. 그렇지만 정치인으로서의 그의 삶의 결산은 비참했다고 하더라도 '정치교사'로서 남긴 유산은 화려했다.[26]

25 Arthur M. Schlesinger Jr., "Harold Laski: A Life On the Left," *Washington Monthly*(November 1993).

26 래스키의 전기에 관한 참고자료를 소개한다. Kingley Martin, *Harold Laski, 1893-1950: A Biographical Memoir*(New York, The Viking Press; Herbert Deane, *The Political Ideas of Harold Laski*(New York: Columbia University Press, 1955); Michael Newman, *Harold Laski: A Political Biography*(London: Macmillan Press, 1993); Isaac Kramnick and Barry Sheerman, *Harold Laski: A Life on the Left* (New York: The Penguin Press, 1993); 김학준, 『래스키-현대국가에 있어서의 자유』(수정증보판)(서울: 서울대학교 출판부, 2007), pp.1-39.

정치학자 열전

학문과 참정의 삶

칼 슈미트

Carl Schmitt

반 자유민주주의 현실 권력정치 사상가

1. 법학에서 정치학 까지
2. 가정과 교육 배경
3. 공화국의 헌법학 권위
4. 제국의 '계관 법학자'
5. 은둔과 회상

칼 슈미트
Carl Schmitt

반 자유민주주의 현실 권력정치 사상가

1. 법학에서 정치학 까지

칼 슈미트(Carl Schmitt, 1888-1985)는 20세기 세계적으로 큰 영향을 미친 독일의 법철학자 또는 정치학자이다. 그는 형법 연구로부터 시작하여 헌법이론과 국가학 그리고 국제법과 국제정치 연구로 나아간 정치사상가다. 그의 연구는 일반적으로 생각하는 법률(law)이나 사법(jurisprudence)의 범위를 넘어서 국가와 주권, 민주주의와 독재, 의회주의와 대통령의 권한, 정치신학과 정치사상, 국제관계와 패권, 그리고 전쟁과 평화 등을 주제로 했다는 점에서 그를 법철학자나 헌법학자로 한정하기보다는 정치학자 또는 정치사상가라고 말하는 것이 좋을 것이다.

슈미트는 법의 이해에 있어서 정치적인 것이 법적인 것에 우선한다는 명제를 적용함으로써 법질서를 순수한 규범의 체계로만 이해하던 전통적인 실증주의나 형식주의적인 법학을 비판하고 극복하고자 했다. 그는 정치적 통일성에 반하는 자유주의 법치국가(Rechtsstaat)의 본질을 들어내어 비판하면서 의회민주주의 정치제도에 대한 근본적인 의문을 제기했다. 그는 또한 민주적 원칙을 예외적으로 부인하고 다수의 승인과 무관하게 국가권력을 행사하는 '예외상태(Ausnahmezustand)'에서의 '주권적 독재(sovereign dictatorship)' 개념을 개진함으로써 권위주의 독재정권을 정당화하는 이론적 기반을 제공했다. 그는 또 국제법 연구를 통해서 20세기 들어서 유럽 중심의 국제질서가 붕괴되고 새로운 세계질서가 태동하는 상황에 대한 지구적 문제의식과 철학적 성찰을 제기하기도 했다.

슈미트의 법철학과 정치학 연구는 시대적으로 1차 세계대전 종전 후 독일 바이마르(Weimar)공화국 시기의 자유민주주의 의회주의 정치의 실패와 나치(Nazi) 히틀러(Adolf Hitler)정권의 등장을 배경으로 하고 있다. 그가 살았던 시기는 독일 역사에 있어서 1차 세계대전에서의 패배와 제국의 붕괴, 군주제의 폐지와 민주공화정의 실패, 전체주의정권의 등장, 그리고 2차 세계대전에서의 패배로 이어지는 국가적으로 중첩된 파멸적 상실감을 경험한 시대였다. 그의 일생 또한 그러한 국가적 운명 속에서 이루어진 학문과 참정이었기 때문에 곡

절 많은 삶이었다.[1]

슈미트는 평범한 가정 출신으로 세속적인 출세를 추구하는 야심 많은 젊은이로서 뛰어난 지적 재능과 성실한 노력을 통해서 대학의 법학 교수가 됨으로써 존경받는 학자의 지위를 성취했다. 그러나 그는 학문적 기득권과 사회적 직위에 만족하지 않았다. 그는 저술을 통하여 공화국의 의회민주주의 위기 상황을 분석하고 그러한 위기를 타개할 수 있는 보다 권위주의적인 방식을 찾아보려고 고민했다. 그러한 그의 이론적 추구는 결과적으로 나치정권의 등장을 옹호하는 정치이데올로기에 기여한 것이 되었고 그의 학문 인생에서 지우기 어려운 자업자득의 오점을 남기게 되었다. 그는 나치정권이 들어선 후 나치당에 가입하고 정권에 적극 협조하는 어용 법학자가 되어 '계관 법학자(Kronjurist)'라는 별명을 얻었던 것이다.

그러나 오래 가지 않아 그는 나치정권의 핵심 세력으로부터 충성심을 의심받아 비판받았고 정권으로부터 배제되었다. 그는 나치정권의 정부 직책에서는 물러났지만 대학교수직은 계속 유지했다. 그는 2차 세계대전 종전 후 연합군에 체포되어 나치정권과의 관련과 전쟁 정책 연루 의혹에 관해서 조사받고 기소되었으나 처벌은 면했다. 그렇지만 그는 대학 교수직을 떠나야했고 다시 대학에 복귀하지

1 슈미트의 전기로는 그의 생전에 출간된 Joseph W. Bendersky, *Carl Schmitt: Theorist for the Reich* (Princeton, NJ: Princeton University Press, 1983)가 있고, 후에 공개된 일기 등 새로운 자료들을 참고하여, 특히 그의 결혼과 가정생활, 친구들과의 관계 등 실증적 연구를 보완한 Reinhard Mehring, *Carl Schmitt*(München, 2009)이 있다. 메링의 책은 2014년에 영역되어 출간됐다. Reinhard Mehring(trans. by Daniel Steuer), *Carl Schmitt: A Biography*(Malden, MA: Polity, 2014). 여기서는 메링의 영역본을 많이 참고했다.

못했다. 그는 고향으로 가서 은거하여 생활하면서 집필 등을 통해 후학들에게 중요한 영향을 미쳤다. 그는 97세까지 장수를 누렸는데 사적인 삶에는 첫 부인과의 이혼 소송, 교회로부터의 파문, 유태인 친구와의 의절, 충동적 여성편력과 같은 그늘진 모습도 드리워져 있다.

슈미트의 저술과 행적은 그의 사후에 재조명 받고 재평가되면서 많은 논란이 일었다. 특히 그의 나치정권 참여 동기와 반 유태사상에 관해서 그를 동정하고 옹호하려는 입장과 그를 반박하고 비판하는 입장 사이에 견해 차이로 많은 논란이 제기됐다. 그와 관련해서 또 그가 나치정권에 참여한 정치적 행위와 그의 학문적 입장과 업적(특히 그의 1920년대의 저술들)을 구별해야한다는 주장과 그의 정치적 행위와 학문적 입장 간에 일관성이 있다고 보는 주장 간에 논쟁이 벌어지기도 했다. 전자는 그의 나치정권 참여가 그의 기회주의적 처신, 불가피한 인간적 관계, 그리고 권력의 위협과 같은 소극적 이유 때문이었다고 보아 그의 학문적 입장과 이론적 업적을 정치적 행위와 분리하여 평가하려는 것이다. 그러한 동정론이나 옹호론을 반박하는 후자는 슈미트의 반 자유주의적 법 이론이나 정치사상이 나치정권에 대한 지지로 연결된 것은 자연스러운 귀결이며 그가 결과적으로 나치정권으로부터 배척되었다고 해서 그의 적극적인 나치 지지 사실이 지워지는 것이 아니라고 주장했다.

유태인 문제에 대한 슈미트의 태도도 논란의 대상이 됐다. 그를 옹호하는 입장은 그의 반 유태인적 행위가 나치정권 하에서 있었던 정황적 고려였지 그의 신념이 아니었다는 것이었고 그런 입장을 반박하는 측은 슈미트가 일관되게 반 유태인 사상을 가지고 있었다고 주장했다.

또 다른 주장으로 슈미트의 입장은 문화적 또는 종교적 관점에서 갖는 '반 유태교주의(anti-Judaism)'이지 인종적 편견의 '반 유태인주의(anti-Semitism)'는 아니었으므로 그의 유태인 문제에 관한 언행은 중요한 문제가 아니라는 입장도 제기됐다.

슈미트의 저술들은 보수적인 기독교 신학자들로부터 과격한 좌파 정치 철학자에 이르기 까지 광범한 독자를 가지고 있다.[2] 다원주의의 약점을 극복할 수 있는 강력한 정치적 리더십을 변호하는 보수주의 정치철학자들은 슈미트의 '현실주의 권력정치(Realpolitik)' 논리가 유효한 이론적 자산이 될 수 있다. 탈 근대주의 정치철학자들도 슈미트의 자유주의 비판을 기술주의가 지배하는 근대성에 대한 비판으로 확대 해석함으로써 급진적 민주주의를 옹호하는 논리로 활용한다. 한편 슈미트의 국제법 연구는 유럽중심의 국제질서 붕괴와 새로운 세계질서의 등장에 관한 철학적 탐구로서 국제질서의 근본적인 문제에 관한 그의 성찰을 보여주었다. 좌파 이론가들은 그의 국제법 저술에서 신자유주의적 국제화와 미국 패권주의를 비판하는 논리적 근거를 찾으려한다. 또 하나 흥미로운 점은 오늘날 중국의 학자들이 민주화 이행 과도기의 중국 권위주의체제와 '통제된 민주화' 이행 과정을 정당화하는 논리 자원으로 슈미트를 활용할 가치가

2 Jan-Werner Müller, *A Dangerous Mind: Carl Schmitt in Postwar European Thought*(New Haven: Yale University Press, 2003).

있다고 여긴다는 것이다. 그들은 자유주의 민주화론자들의 낙관적인 주장을 반박하면서 법치와 헌정의 한계와 권력분립 주장의 약점을 지적하는데 슈미트를 동원하려고 한다.[3]

2. 가정과 교육 배경

슈미트는 독일 베스트팔리아(Westpalia) 지방의 소도시 플레텐베르크(Plettenberg)의 평범한 캐돌릭 신자 가정에서 태어났다. 그의 아버지 요한 슈미트(Johan Schmitt)는 고등교육을 받지 못하고 어릴 때부터 우편 업무에 관련된 일을 하다가 보다 보수가 낳은 직업을 찾아 철도 복무원, 상점 점원 등을 전전하다 플레텐베르크에 정착했다. 그의 아버지 즉 칼 슈미트의 할아버지는 아들을 아홉 명을 두어 친척들이 많았다. 요한 슈미트는 9형제 중 장남이었다. 요한 슈미트는 첫째 부인과 사별한 후 루이스 슈타인라인(Louise Steinlein)을 만나 재혼하여 아들 둘과 딸 둘을 낳았는데 그 중 큰 아들이 칼 슈미트다.

플레텐베르크는 19세기 말 농촌 지역이 도시화 되면서 급격히 인구가 증가한 곳으로 개신교도가 많이 살고 있었다. 칼 슈미트는 카돌릭계 학교에 다니다가 11세에 큰 도시의 중학교에 진학하여 카돌릭계 기숙사에 들어가 생활했다. 학과 공부는 주로 어학위주였는데

3 Qi Zheng, "Carl Schmitt in China," *Telos, No. 160*(Fall 2012), pp. 29-52.

라틴어 그리스어 히브리어 프랑스어 영어 등을 배웠다. 그는 키가 작은 편으로 외모가 특출하지는 못했으나 학과 성적은 매우 우수했다. 슈미트의 어머니는 특히 슈미트에 대한 기대가 컸다. 그의 어머니는 그가 신학 공부를 해서 신부가 되기를 바랐으나 슈미트는 법과대학을 희망했다. 당시에는 그와 같이 평범한 가정 출신으로 대학에 입학한다는 것, 더욱이 법학 공부를 한다는 것은 매우 드문 경우였다. 대도시로 가서 대학에 다니려면 부모가 부자이거나 후원자가 있어야 했다. 슈미트의 대학 진학은 어머니의 적극적인 지지와 친척들의 도움으로 학비와 생활비를 마련할 수 있었기에 가능했다.

슈미트는 1907년 베를린(Berlin)의 훔볼트대학(Humboldt University)(그가 등록할 당시의 이름은 Friedrich Wilhelms University였다)에서 법학 공부를 시작했다. 그는 첫 학기부터 로마법 라틴어 강독에 도전했다. 시골뜨기가 점차 대도시 생활에 적응하게 되었고 법학 공부는 그에게 큰 기쁨이었다. 그는 1908년 여름학기에는 뮌헨(Müchen)법과대학에서, 그리고 1909년 겨울 학기는 스트라스부르크(Straßburg)법과대학에서 법학 공부를 계속했다. 그는 1910년 스트라스부르크에서 1차 국가고시에 합격하고 학위논문을 마쳤다. 스트라스부르크는 당시 인구가 15만 명에 달하는 대도시였는데 독일과 프랑스의 접경지역으로 나폴레옹(Bonaparte Napoleon)시대에는 프랑스치하에 있다가 프러시아-프랑스 전쟁 후 독일령이 된 지역적 특성으로 두 문화가 공존하던 곳이었다. 스트라스부르크대학은 18세기에 설립되었는데 인문정신이 깃든 학풍을 자랑했고 독일의 문호 괴테(Johann Wolfgang von Goethe)

의 모교이기도 했다.

슈미트는 슈트라스부르크대학에서 생애에 중요한 영향을 미칠 두 사람을 만나 인연을 맺게 되었다. 한 사람은 그의 박사학위 논문 지도교수 칼커(Fritz von Calker)이고 다른 한 사람은 부자 아버지를 둔 유태인 친구 아이슬러(Fritz Eisler 또는 Hans Friedrich Eisler)였다. 칼거교수는 그의 박사논문을 지도해주었을 뿐만 아니라 그의 사회 진출을 적극적으로 도와준 은인이었다. 그는 슈미트에게 교수자격(Habilitation) 논문을 쓰도록 기회를 만들어주고 대학교수로 진출하는 길을 안내해 주었다. 칼커 교수는 형법을 전공하였는데 입법정책과 정치에 관한 저술을 하는 등 법의 정치적 측면에 대한 연구에 관심을 가지고 있었다. 그의 그러한 학문적 취향이 슈미트의 학문 형성에 영향을 미쳤을 수 있다. 아이슬러는 칼커 교수 아래서 같이 학위논문 지도를 받았고 대학교수를 지망했던 유태인 친구였는데 그의 아버지가 항거리계 유태인으로 함부르크에서 출판업을 하는 부자였다. 그런데 그 유태인 친구는 독일 국적 취득을 위해 군에 입대하여 복무하던 중에 1차 세계대전이 발발하여 전투 중 포탄에 맞아 전사했다. 슈미트는 그 친구가 죽은 후 그 친구의 동생 게오로그 아이슬러(Georg Eisler)와 형제와 같은 친밀한 관계를 맺었고 그 친구의 아버지로 부터도 많은 경제적 도움을 받았다.

슈미트의 학문 활동에 있어서 첫 연구 주제가 된 박사학위 논문은 '책임과 책임의 유형: 용어적 고찰(Über Schuld und Schuldarten: Eine terminologische Untersuchung)'이었다. 즉 형법상의 법적 책임에 관한 연구였다. 슈미트는 또 국가고시에 합격하고 1910년 여름부터 뒤셴돌프(Düssendorf)지방고등법원에서 사법시보로 일하게 되었다. 그는 사법시보로 일하면서 첫 저서 『법률과 판결』을 출간했다.[4] 여기서 그는 법 규정이나 법이론 보다는 사법적 판단과 실제 적용의 중요성을 강조함으로써 실증주의를 넘어서는 새로운 법 해석으로 나아가는 단초를 마련했다.

슈미트는 1912년 그의 첫 부인이 될 여인을 만났다. 그녀의 이름은 도로티아(Pauline Carita Dorotić)이었는데 극장에서 댄서로 일하고 있었다. 그녀는 자기가 크로아티아(Croatia) 귀족의 딸로서 그녀가 어릴 적에 부모들이 죽고 뮌헨에 있는 친척 집에 보내져 살게 됐는데 친척의 학대를 못 이겨 가출하게 된 사연을 고백했다. 어쨌든 그는 그녀를 사랑하게 됐고 결혼을 약속했다. 그러나 후에 밝혀지지만 그녀의 고백은 거짓이었다. 그녀는 귀족의 딸도 아니고 그보다 나이도 다섯 살이나 많았다. 그녀는 또 개신교 신자였다. 게다가 그녀는 또 상점에서 옷을 훔친 절도범으로 경찰에 의해 피소돼 있었다. 주위 사람들은 그의 결혼을 반대했고 당장 결혼에 필요한 돈도 마련하지 못해 결혼 계획은 지연됐다. 전시 하에서 친구의 죽음을 지켜보고 결혼 문제로 고민하면서 국가고시를 대비해야했던 이 시기가 슈미트에게는 정신적 심리적으로 가장 긴장되고 번민했던 기간이었다. 슈미트는 1915년 2월 2차 국가고시에 최종 합격하고 결혼식도 강행

4 Carl Schmitt, *Gesetz und Urteil: Eine Untersuchung zum Problem der Rechtspraxis*(1912). 홍성방 역, 『법률과 판결』(유로, 2014).

했다. 그는 그 해에 군대에 입대하여 뮌헨 소재의 총사령부에서 근무하고 있었는데 칼커 교수의 안배로 교수자격 시험 지원 기회를 얻게 되었다. 그는 1916년 교수자격 시험 논문 '국가의 가치와 개인의 의의(Der Wert des Staates und die Bedeutung des Einzelnen)'가 통과 되었다. 그는 칼커 교수의 주선으로 시간강사 자리를 얻어 뮌헨과 스트라스부르크를 오가며 모교에서 형법과 형사소송법 강의를 하게 됐다.

슈미트는 1917년 10월부터 전시에만 한정하는 조건으로 총사령부 문관에 임명되었다. 그의 임무는 외국 신문 등 출판물의 검열, 적 선전물 감시, 집회의 허가 및 감시 등을 통해서 반전 운동 특히 전쟁을 적극적으로 반대하던 독립사회민주당(사회민주당 좌파가 이탈하여 독자적으로 창당한)의 활동을 감시하는 것이었다. 슈미트는 1918년 『정치적 낭만』 원고를 출판사에 넘겼는데 그 책은 이듬해 봄에 출간되었다.[5] 1918년 11월 1차 세계대전 휴전이 선언되었지만 혼란은 계속됐다. 황제가 퇴위하고 새로운 공화국을 수립하기위한 헌법 제정이 추진되고 정부 수립을 둘러싼 정치세력들 간의 권력투쟁이 치열했다. 불안한 가운데 1919년 1월 국회의원 총선거가 치러지고 2월부터 8월까지 바이마르(Weimar)에서 개최된 국회(Reichtag)에서 헌법이 제정되어 의회제 정부가 출범하게 되었다. 1919년 6월 28일에는 베르사이유(Versailles)에서 독일과 연합국들 간에 전쟁 종식과 배상문제 등을 규정한 조약에 대한 서명이 이루어졌다. 바이마르 공화국의 성립으

5 Carl Schmitt, *Politische Romantik*(1919).

로 독일에서는 다당제, 직선 대통령제, 의회주의 정부 등 자유민주주의 정치제도 실험이 이루어지고 민주정치가 만개하는 시대를 열었다. 그러나 획기적인 자유민주주의 확대는 동시에 폭력의 범람을 불러 독일을 내란 상황으로 빠트렸다. 분리주의자들에 의한 쿠데타가 시도되는가 하면 준군사적 무장집단들이 횡행하며 길거리에서 전투까지 벌이는 등 불안정한 정세가 확산되었다. 정부나 정당들은 그러한 자기 파괴적인 폭력을 효과적으로 통제하지 못하는 민주정부의 약점을 들어냈다.

슈미트는 새로운 민주정부 하에서 그의 진로를 모색하고 있었다. 그는 듀센돌프 지방고등법원에서 일할 때 상관으로 있었던 젠호프(Hugo am Zehnhoff)가 프러시아 법무장관으로 부임하면서 정부의 고급 공무원 직을 제의함에 따라 군 문관 직을 사임했다. 그런데 또 한편으로 뮨헨의 상과대학(Handelshochschule)에서 공법 전임강사 직 제의를 받게 되어 공무원 직을 포기하고 대학교수 직을 선택했다. 그는 31세에 안정된 직업을 갖게 된 것이다. 그는 1919년 9월부터 1921년 9월까지 뮨헨에 거주하며 대학에서 강의했다. 당시 독일에서 상과대학은 경제교육을 목적으로 새롭게 등장한 사립대학이었다. 그것은 기업 경영인 양성을 위한 교육과정을 위주로 했는데 베르린, 라이프치히, 퀠른, 프랑크프르트 등과 같은 대도시에 세워졌다. 뮨헨 상과대학에서 슈미트는 종교개혁 이후의 정치사상사, 독일헌법, 공법입문, 노동법과 사회보험, 그리고 19세기 정치사상 등의 과목을 강의했다. 슈미트가 뮨헨에 살던 시기에 특기할 만한 일은 그가 막스 베버(Max Weber)의 강의를 듣고 매주 토요일 저녁에 열리는 강사들을 위한 세미나에 참석했다는 사실이다. 슈미트는 그 때 막스 베버와 개인적인 만남도 가졌다.

3. 공화국의 헌법학 권위

슈미트는 1921년 가을 그라이프스발드(Greifswald)대학으로 자리를 옮겼다. 그가 학교를 옮긴 이유의 하나는 그 대학에는 법학부가 있었기 때문이다. 상과대학의 법학 교수는 전망이 불투명했다. 그라이프스발트대학 측은 또 그를 정교수와 학부장으로 임명하고 연봉 14000 라이히 마르크를 준다는 우대조건의 초빙이었다. 그 대학이 프러시아 지역에 위치하고 있다는 것도 고려됐다. 이 때 그는 부인 도로티아와의 관계가 파경을 맞았고 새로운 환경의 생활로 전환하고 싶은 도피심리도 작용했다. 그러나 그가 그라이프스발트에 머문 것은 한 학기에 불과한 짧은 기간이었다. 이 때 그는 『독재론』을 출간했다.[6] 이 책은 그가 뮨헨 상과대학에 있을 때 집필한 것이었다. 당시 뮨헨이 소재한 바바리아(Bavaria)지역은 바이마르 공화국 성립 직후 내전적 상황 속에 있었다. 공산당과 무정부주의자들이 바바리아 분리 독립을 선언하고 뮨헨에서 소비에트공화국을 선포하는 일

6 Carl Schmitt, *Die Diktatur: Von den Anfängendes modernen Souveränitätsgedankens bis zum proletarischen Klassenkampf*(1921). 김효전 역, 『독재론』(법원사, 1996).

이 있었고 군에 의해 진압되기는 했지만 불안한 정세가 계속되고 있었다. 그의 『독재론』은 입헌군주제로부터 민주공화제로 이행해가는 과도기적 상황에서 부르주아적 법치국가의 위기에 대한 인식을 바탕으로 한 것이었다.

슈미트는 사상사 법학사에 관한 광범위한 검토를 통해서 '독재' 개념의 역사적 전개과정을 추적하고 현대 헌법에서 민주주의와 조화될 수 있는 새로운 '주권적 독재' 개념을 제시했다. 그가 말하는 독재란 민주적 원칙의 예외적 부정, 즉 국가권력을 다수의 승인 없이 행사하는 것을 의미했다. 그는 바이마르 헌법에 규정된 대통령의 비상사태 선포권을 '예외 상태'를 규정하고 일시적으로 법을 정지시키는 독재적 요소로 해석했다. 그가 말하는 주권적 독재자는 기존 헌법을 수호하는 것이 아니라 인민의 이름으로 새로운 헌법을 창조하는 독재자이다. 그의 독재론은 이후 그의 자유민주주의 정치체제 비판의 기초가 되었다.

슈미트는 1922년 여름학기부터 본(Bonn)대학으로 옮겨 강의하게 되었다. 본대학은 당시 독일에서 둘째로 큰 대학으로 학생 수가 4000명에 이르렀고 법학부 학생 수도 400명에 달했다. 그는 본(Bonn)대학에서 정치학 세미나, 국제법과 정치 등의 강좌를 개설하고 국가학, 행정법, 국제법, 정치사상사를 강의했다. 슈미트는 도로티아와 이혼을 결심했다. 가정생활의 파경을 맞은 그는 새로운 여인을 만나 사귀며 불안한 생활을 했다. 그는 본대학에 유학 와 문학 박사과정 공부를 하는 아일랜드 국적의 캐드린 머레이(Kathleen Murray)를 만나 사랑에 빠졌다. 그는 그녀와의 결혼을 생각하고 있었지만 그녀가 오스트레일리아로 떠나 헤어졌다. 슈미트는 또 뮌헨에서 수련의사로 일하던 엘바 사우얼(Elba Carola Sauer)을 만나 사귀다가 또 헤어졌다. 그는 또 다른 여인 두스카 토도로비아(Duška Todorović)를 만나 그녀와 두 번째 결혼을 하게 되었다. 그녀는 슈미트보다 15세 연하의 세르비아인으로 본대학 철학부 학생이었다. 그녀는 당시 19세의 학생으로 슈미트의 이혼소송에서 통역을 맡아 인연이 되었던 것이다. 1924년 1월 본 지방법원은 슈미트의 첫 결혼이 위계에 의한 것이었으므로 무효라는 판결을 내렸다. 슈미트는 교회로부터도 결혼 무효 결정을 얻어내려 했지만 실패했다. 그는 교회의 결정에 개의치 않고 토도로비아와의 약혼을 서둘렀다. 슈미트는 형식적으로 교회의 율법을 어겼기 때문에 교회로부터 파문되었다. 그는 1926년 1월 토도로비아와 결혼식을 올렸다. 그러나 재혼한 토도로비아는 건강이 좋지 않았고 슈미트의 외도는 계속됐다.

슈미트는 1920년대 국가와 사회가 불안정한 상황에 처해 있는 가운데 개인 생활도 번거로움이 중첩된 어려운 환경에서도 강의와 저술 활동을 계속했다. 그의 생애에서 이 시기가 학문적으로 가장 왕성한 활동 기간이었다. 그는 1922년에 『정치신학』, 1923년에 『로마 캐돌릭과 정치형태』, 『오늘날 의회주의의 정신사적 지위』, 그리고 1927년에 『정치적인 것의 개념』을 발표했다.[7] 그는 현대 국가학

7 Carl Schmitt, *Politische Theologie: Vier Kapitel zur Lehre von der Souveränität*(1922); 김항 역, 『정치신학: 주권론에 관한 네 개의 장』(그린비, 2010); *Römischer Katholizismus und*

의 주요 개념들을 신학적 개념의 세속화로 이해하고 현대 정치와 법의 본질을 통찰하는 주권 이론을 정립했다. 그는 부르주아 자유주의 법치의 한계와 의회주의의 위기를 지적하고 무정부주의적 사회주의의 위험성을 경고했다. 그는 '예외 상태'에서는 주권적 독재자의 '결단'으로 실정법과 헌법질서를 정지시키고 인민의 헌법제정권력 행사를 선언함으로써 새로운 법과 헌법질서를 창설하여 '정상 상태'를 회복시킬 수 있다고 주장했다. 슈미트는 국가의 존립도 '정치적인 것의 개념을 전제로 한다고 말했다. 그는 '정치적 차이는 적과 동지의 구별이다'라고 선언했다. 그에 의하면 적과 동지의 구별은 사적인 문제가 이아니라 공적인 문제이며 그러한 정치적 차이는 본질적인 것이다. 즉 정치적 차이는 도덕적인 선악을 나누는 윤리적 구별이나 유익 무익을 나누는 경제적 구별, 그리고 미추를 가르는 미학적 구별과 같은 특정한 차이로 환원될 수 없는 것이라고 했다. 이를테면 언어적, 인종적, 문화적, 종교적 차이와 같은 특정한 차이는 집단적 정체성을 형성할 수는 있을지 모르나 그것이 정치적 차이를 대치할 수는 없다는 것이다. 그런데 슈미트에 의하면 자유주의 국가는 '탈정치화'를 확산시켜 적과 동지의 구별에 실패하여 내부적으로 붕괴하는 경향이 있다는 것이다. 국가의 존립은 정치적인 것의 개념을 전제로 하기 때문에 국가는 분명하게 적과 동지의 구별을 구현할 때

Politische Form(1923); 김효전 역, 『로마카돌릭주의와 정치형태』(교육과학사, 1992); *Die geistesgeschichtlishe Lage des heutigen Parlamantrismus*(1923); 나종석 역, 『현대 의회주의의 정신사적 상황』(길, 2012); Der Begriff des Politischen, in *Archiv für Sozialwissenschaft und Sozialpolitik, vol. 58, no. 1*(1927), pp. 1-33.

만이 정당화 될 수 있는 것이다. 그가 보기에 자유주의는 개인의 자유 보호라는 명분으로 정치적 공동체를 위기에 빠트린다는 것이다.

슈미트는 『정치적인 것의 개념』 초고를 구술로 작성했는데 집필에 한 달 도 채 걸리지 않았다고 한다. 그 원고는 1927년 5월 베를린에 있는 독일고급정치학교(Deutsche Hochschule für Politik)에서 개최된 토론회에서 발표하기 위해 작성된 것이었는데 그의 발표 내용에 관해서 많은 찬반 토론이 있었고 보완되어 9월에 출간되었다. 이 책은 1931년 수정증보판이 출간되었다.

독일고급정치학교는 현대 독일 정치학 발전에 있어서 중요한 역할을 했다. 동 학교는 바이마르공화국 출범에 따라 자유주의 정신하에 민주주의를 고취시킬 목적으로 1918년 베를린에 설립된 '시민학교(Staatsbürgerschule)'가 모체가 되어 1920년 10월에 창설된 사립 성인교육기관이었다. 민주주의를 학습하는 정치교육 기관으로 출발한 이 학교는 독일 정치학 발전의 중요한 제도적 기반으로 역할 했다. 초기에는 자원봉사자들로 구성된 교수진이 야간 수업으로 시작했고 수강생들은 정당정치인 특히 사회주의 정당의 활동가들이나 정치에 관심을 갖는 지식인들이었다. 강좌 내용은 정치사, 정치사회학, 외교정책, 정치와 법, 정치와 경제, 해외 지역연구 등이었는데 초창기 교수진에 참여한 사람 중에는 헤르만 헬러(Herman Heller)와 같은 법학자와 아놀드 브레히트(Arnold Brecht)와 같은 정치학자들도 있었다. 1933년 나치정권이 들어선 이후에는 교수진 다수가 탄압을 피해 외국으로 망명했다. 1937년에는 정부산하 기관으로 개편되어 해외 지역연구와 대외선전 활동 기구로 전환되었다가 1940년 프리드리히 빌헤름(Friedrich Wilhelm)대학의 해외연구 교수실로 통합되었다. 2차 세계대전 종전 후 1948년 사회민주당 당원 오토 수르(Otto Suhr)에 의해서 독일고급정치학교가 재건되어 신설된 베를린 자유대학(Freie Universität)에 통합되고 독일 정치학 건설의 산실 역할을 했다. 오늘날 베르린 자유대학의 오토 수르연구소는 주로 국제관계 교육 연구에 치중하고 있으며 파리정치대학과 학석사 공동학위 프로그램을 운영하고 있고 모스코바 국제관계연구소와도 공동학위 프로그램을 운영하고 있다.

슈미트는『정치적인 것의 개념』에 이어 1928년『헌법이론』을 출간했다.[8] 그의 헌법이론은 헌법의 개념, 현대 헌법에서의 법치국가적 요소, 연방제 이론 등으로 구성되었다. 그는 법치국가를 규정하는 두 가지 원리, 즉 기본권을 도출하는 '배분의 원리(principle of distribution)'와 권력분립을 도출하는 '조직의 원리(organizational principle)를 개념화했다. 또 그는 현대 헌법의 정치적 요소에 관해서 군주제와 연관되는 '동일성의 원리(principle of identity)'와 민주공화제와 연관되는 '대표성의 원리(principle of representation)'를 개념화했다. 이 두 정치 원리는 모두 정치적 통일성(political unity)을 형성하는 근거가 된다. 슈미트는 국가의 정당성을 정치적 통일성을 기준으로 평가했다. 그는 의회주의는 동일성의 원리와 대표성의 원리가 혼용된 '혼합헌법'

8 Carl Schmitt, Verfassungslehre(1928).

이며 따라서 귀족제의 새로운 형태에 불과하다고 보았다.

슈미트는 1928년 본을 떠나 베를린으로 학교를 옮겼다. 그는 이혼과 재혼, 교회와의 불편한 관계, 그리고 새 아내의 건강문제와 혼외 이성 관계 등 복잡한 문제들을 떨쳐버릴 수 있는 새로운 환경을 모색했다. 마침 베를린 상과대학에서 초빙 제의가 왔다. 베를린은 수도이고 또 대도시기 때문에 그의 정치적 관심을 실행에 옮기기에 유리할 것이라고 생각했고 임용조건도 마음에 들었다. 주 여덟 시간 국가학과 법학을 강의하고 연봉 3만 라이히 마르크를 받는 조건이었다. 슈미트는 1928년 여름학기부터 베를린 상과대학에서 국가학 강의를 했다. 베를린 상과대학에 개설된 그의 헌법학 세미나에는 후에 미국으로 망명하여 정치학자로 성장한 오토 킬흐하이머(Otto Kirchheimer)와 프란츠 노이만(Franz Neumann)도 박사과정 학생으로 참여했다. 마르크스주의자였던 킬흐하이머는 특별히 친밀하게 그를 따랐다. 킬흐하이머는 유태인 출신이며 사회민주당원으로 변호사 활동을 하다가 나치 집권 후 프랑스를 거쳐 미국으로 망명했다. 그는 뉴욕의 사회조사연구소에서 프랑크프르트학파의 일원으로 활동하다가 2차 세계대전 중과 전후에 미군사정보국과 국무부 등에서 근무했고 1960년부터 컬럼비아대학 정치학 교수로 일했다.

슈미트가 베를린에서 생활하는 동안에는 정당정치의 파행으로 바이마르 공화국의 정치적 위기가 심화되고 세계경제 사정의 악화로 대량 실업 사태가 확산되는 등 불안한 정세가 계속되고 있었다. 의회는 헌정질서를 위협하는 강경파 과격파 세력들에 의해서 지배되고 정부는 위기 극복을 위해 대통령의 비상대권 발동 등 극단적 대책으로 대응하여 상황이 파국으로 치닫고 있었다. 슈미트는 개인적으로 부인이 지병으로 병원에 장기 입원하는 가운데 혼외 이성 관계를 계속하는 불안정한 생활 속에 있었다. 이때 그래도 그에게 위안을 준 것은 1931년 8월 그의 첫 아이이자 외동딸인 아니마 루이스(Anima-Louise)가 태어난 것이었다, 이 때 그의 학문적 · 정치적 관심은 헌법이론으로부터 국가론으로 전환했다. 그는 바이마르 헌법의 근본적인 한계, 즉 부르주아 법치국가의 한계를 지적하는 다원주의 국가이론에 대한 비판론을 전개했다. 그는 1931년에 『헌법의 수호자』, 1932년에 『합법성과 정당성』, 그리고 『정치적인 것의 개념』 수정증보판을 출간했다.[9]

슈미트는 바이마르 공화국 말기 상대적으로 안정된 헌정체제를 유지할 수 있었던 시기까지는 헌법 64조의 규정을 적극적으로 해석하여 대통령의 비상대권을 활용함으로써 대통령의 독재를 통해 정상상태를 만들어낼 수 있을 것이라는 기대를 가지고 있었다. 그는 베를린에 거주하고 있었기 때문에, 또 그가 구축한 법학자로서의 학문적 권위로 인해서 정부나 정치지도자들과 법률적 자문과 건의의 방식으로 인연과 관계를 맺을 수 있었다. 특히 그는 당시 정계의 유력자였던 국방장관 슐라이허(Kurt von Schleicher)와 관계를 맺게

9 Carl Schmitt, *Der Füter der Verfassung*(1931); 김효전 역, 『헌법의 수호자』(법문사, 2000); *Legalität und Legitimität*(1932); 김도균 역, 『합법성과 정당성』(길, 2016); *Der Begriff des Politischen*(1932); 김효전·정태호 역, 『정치적인 것의 개념』(살림, 2012).

되어 바이마르 공화국 말기 정계에 관여되었다. 1932년 7월 당시 라이히 대통령(Reichspräsident)이었던 힌덴부르(Paul von Hindenburg)가 비상대권을 발동하여 사회민주당의 브뤼닝(Heinrich Brüning)내각을 파면하고 파펜(Franz von Papen)내각을 임명했다. 이른바 '프러시아 쿠테타(Preußenschlag)였다. 파펜내각은 대통령의 비상대권을 이용하여 헌법을 개정하고 선거를 연기하려던 구상을 하고 있었다. 그런데 사회민주당 프러시아정부에 의해서 라이히 대통령의 브뤼닝 내각 파면 무효 소송이 제기됨에 따라 라이프치히(Leipzig) 소재 '국사재판소(Staatsgerichtshof)'에서 재판이 이루어지게 되었다. 이 때 슈미트는 대통령 측 법적 대리인으로 선정되어 재판에 참여하게 되었고 1932년 10월에 열린 재판에서 프러시아 정부 측 법적 대리인으로 나온 헤르만 헬러(Herman Heller)와 치열한 현법수호 논쟁을 벌였다. 헤르만 헬러는 유태인 법학자로 사회민주당 당원이었는데 나치정권 등장 후 국외로 망명해 살다가 마드리드(Madrid)에서 의문의 죽임을 당했다.

슈미트는 라이히(Reich)의 우위성을 강조하고 프러시아는 독일 국가의 일원으로서 라이히에 귀속되어야 하며 충성의 의무를 갖는다고 강조했다. 그는 헌법 48조를 적극적으로 해석할 것을 주장하면서 라이히 대통령의 긴급조치는 정당정치 국가에 대항하여 프러시아의 명예를 지켜주는 정당한 행위라고 옹호했다. 그러나 재판 결과가 라이히 대통령 측의 패소로 판결이 남에 따라 파펜 내각은 사퇴하고 선거가 실시되었다. 선거가 실시됐지만 정부 구성은 계속 난항을 겪었다. 슈미트는 수상에 지명된 슐라이허를 통해서 히틀러를 배제하는 연립정부 구성 계획을 제안하고 촉구했다. 그는 그것이 대통령의 비상대권을 활용하여 헌정을 정상화할 수 있는 최후의 수단이라고 믿었기 때문이었다. 그러나 그러한 계획은 무산되고 바이마르공화국은 최후의 날로 치닫게 되었다. 히틀러를 수상으로 하고 파펜을 부수상으로 하며 내각의 11명 각료 중 나치당이 3석만을 담당하는 타협이 이루어져 연립정부가 성립한 것이다. 나치의 집권과 공화국 종말의 길을 열게 된 셈이었다. 슈미트는 헌정의 위기에서 법학자로서 무력감을 실감했고 정치현실의 비정함을 새삼 깨닫게 되었다. 그가 나치정권에 대한 지지의 입장으로 태도를 급전환 한 일은 그러한 심리적 배경 속에서 이루어졌다.

4. 제국의 '계관 법학자'

슈미트는 현실 정치에 대한 실망감을 안고 베를린을 떠나 퀠른(Köln)대학으로 옮겨갔다. 당시 퀠른대학에는 그와는 학문적 입장을 달리하는 켈젠(Hans Kelsen)이 교수로 있었다. 켈젠은 학문적 입장의 차이에도 불구하고 슈미트의 초빙을 반대하려는 다른 교수들을 적극적으로 설득하여 동의를 구하는 노력을 했고 두 사람 간에는 서로 좋은 인간적 관계를 약속했다. 슈미트는 1933년 봄부터 퀠른대학에서 강의를 시작했다.

한스 켈젠은 오스트리아계 유태인 출신으로 1919년부터 빈(Vien)대학 공법 및 행정법 교수로 있으면서 오스트리아 헌법을 기초하고 헌법재판소 재판관을 역임했다. 그는 1920년대에 국가와 주권, 민주주의와 의회정치, 그리고 국제법과 법철학에 관한 많은 저술을 발표했다. 그는 칼 슈미트와는 대립적인 입장에 서 있었던 대표적인 법 실증주의자이며 순수 법 이론가였다. 헌법재판소의 역할을 강조하는 그와 라이히 대통령의 역할을 강조하는 슈미트 간에 벌어졌던 헌법수호자 논쟁은 잘 알려진 사실이다. 그와 슈미트가 쾰른대학에 함께 근무했던 기간은 잠시였다. 한스 켈젠은 1933년 나치정권의 탄압을 피해서 제네바로 가서 1940년까지 스위스 국제대학원에서 강의했다. 이 때 그는 한스 몰겐소(Hans Morgenthau)의 교수자격 논문을 지도했다. 그는 1940년 미국으로 가서 잠시 하버드대학 법과대에서 강의하다가 1945년부터 캘리포니아대학(Berkely 캠퍼스)의 정치학과 교수로 취임하여 1973년 죽을 때까지 그곳에서 살았다.

베를린을 떠난다는 것은 정치의 중심에서 벗어나는 것을 의미했다. 슈미트는 정치적 야심을 떨쳐버리지 못했다. 슈미트는 1933년 나치당 당원으로 가입하고 정치의 중심으로 다가갔다. 그의 삶의 방향을 크게 전환하는 결정이었다. 그는 그해 10월에 베를린대학 법학 교수직에 취임하여 베를린으로 복귀했다. 그는 또 새로 창설된 프러시아 추밀원(State Council)의 위원으로 임명되어 나치정권에 적극적으로 가담했다. 그가 나치정권에 참여하면서 그의 유태인 제자들이나 친구들은 그와 절연하게 됐다. 형제처럼 지내던 후원자 아이슬러도 런던을 거쳐 미국으로 떠났다.

히틀러를 수상으로 하는 연립정부의 등장으로 사실상 붕괴되었던 바이마르공화국은 1934년 8월 힌덴부르크 대통령의 사망으로 종말의 계기를 맞게 된다. 국민투표를 통해서 유일한 지도자(Führer)로 추대된 히틀러의 독재가 시작되는 이른바 '제3제국(Drittes Reich)' 시대가 개시된 것이다. 독일 역사에 있어서 제1제국은 신성로마제국을, 제2제국은 1871년부터 1918년까지의 독일 엠파이어를 제3제국은 1918년부터 1945년까지의 독알 라이히를 일컫는데, 일반적으로는 바이마르공화국 시기를 빼고 나치정권 시기만을 제3제국으로 지칭한다. 슈미트는 나치당의 법률 자문단인 국가사회주의독일법률가협회(Bund Nationalsozialistischer Deutscher Juristen)에 가입하여 나치정권을 옹호하는 법률 자문 활동에서 주도적인 역할을 했다. 동 협회는 히틀러의 측근으로 나치정권의 법무 최고 책임자였던 한스 프란크(Hans Frank)가 주도하고 있었는데 그는 슈미트의 박사논문 지도교수였던 칼커 교수의 조교를 지낸 제자였다. 프란크는 독일 법무부 장관과 폴란드 총독을 역임한 나치정권의 핵심 실세의 한사람이었다.

슈미트는 히틀러의 개인독재 정치를 지지하며 나치정권의 법과 제도를 이론적으로 정당화하는 역할을 마다하지 않았다. 그는 1934년 7월에 있었던 히틀러의 정적 처형 사건, 이른바 '룀반란(Röhm Putsch)'(Nacht der langen Messer, 장도의 밤이라고도 지칭함)을 옹호했다. 그 사건은 반란 모의를 빌미로 하여 히틀러가 돌격대(SA, Strumabteilung) 지도자 에른스트 룀(Ernst Röhm) 과 나치당 내 좌파 지도자 그레고르 슈트라써(Gregor Strasser), 그리고 연립정부 내의 사회민주당 지도자 슐라이허 등 정적들을 무참하게 처형한 폭거였는데 그 때 살해된 사람 수가 100명을 넘었다고 한다. 그러나 반란 모의의 증거는 불분명했고 히틀러의 권력 강화를 위한 음모의 성격이 농후했다. 이 때 슈미트는 히틀러의 비상조치를 옹호하는 글 '지도자가 법을 수호한다(Der Führer schützt das Recht)'를 독일법률가신문에 발표했다. 그의 논지에 따르면 히틀러의 조치는 공화국 독재자로서의 행위가 아니라 '인민의 생존권(Lebensrecht des Voikes)'에 근거한 조치라는 것이다. 다시 말해서 나치의 집권은 합법성과는 무관하게 자유주의 법치국가로부터 해방하여 '즉각적인 정의의 상태(immediate state of justice)'를 달성하는 '근본적 변경'이라는 것이다. 나치정권을 정당화하는 슈미트의 법논리는 여기에서 이미 '결단주의(Dezisionismus)'에서 '구상적 질서(具象的 秩序, konkrete Ordnung)' 사상으로 진전되었다. 슈미트는 또 독일고급정치학교 강연을 통해서 '국가사회주의와 국제법'을 발표하고 독일의 국제연맹 탈퇴를 주장했다. 그는 1935년 뉘른베르크(Nürnberg)에서 나치당 연차대회를 겸해서 열린 제국의회(Reichtag)가 채택한 반유태인법, 이른바 뉘른베르크법을 지지하고 정당화하는 활동을 벌였다.

슈미트는 왜 나치당에 가입하고 나치정권에 가담했는가, 즉 그가 나치정권에 참여한 배경과 이유에 관해서는 여러 가지 해석이 있다. 그의 학문적 이론적 소신, 민족주의와 애국심, 정당정치에 대한 불신과 정치인에 대한 실망감, 개인적인 정치적 야심, 법학자로서의 자만심과 지적 모험, 개인적 이해관계, 잠재적 반 유태인 정서, 그리고 인간적 관계 등 다양한 동기 요인들이 거론된다. 그 자신은 종전 후 연합군이 추진한 뉘른베르크 전범재판 심문에서 왜 나치정권에 가담하고 히틀러를 추종했느냐는 질문을 받고 자신은 "권력의 합법적, 준 합법적, 불법적 수단을 좀 알았다"고 대답했다. 당시 그가 나치에 협조할 수밖에 없을 만큼 심리적 압박과 위협을 받고 있었음을 인정했던 것이다.

슈미트는 1936년 한스 프란크를 수행하여 이탈리아 로마를 방문했다. 그는 이미 바이마르공화국 말기부터 영미적인 자유주의적 의회주의에 대한 대안으로서 파시즘을 주목하고 그에 관심을 가지고 있었다. 그는 로마에서 무쏘리니(Benito Mussolini)도 참석한 가운데 현대정치 이론에 관한 강연을 하고 무쏘리니와 개인적으로 당과 국가 관계에 관한 대화를 나누었다. 무쏘리니가 좀 거만한 태도로 말했다. "국가는 영원하지만 당은 일시적인 것이다. 나는 헤겔리안이다." 슈미트가 물었다. "레닌도 헤겔리안이었다. 그래서 묻지 않을 수 없다. 오늘날 헤겔이 말한 세계사적 정신은 어디에 있다고 보는가?" 무쏘리니가 미소를 지으며 말했다. "나는 그 질문을 당신에게 되묻고 싶다." 슈미트는 "그러면 나는 로마라고 말할 수밖에 없지 않은가."라고 말했다. 무쏘리니는 그의 대답을 수긍했다. 슈미트는 후일 당시 무쏘리니와의 대화가 히틀러에 대한 간접적인 경고의 의미가 있었는데 자신에게는 나쁜 영향을 미치게 된 원인이 됐다고 회

고했다.[10]

슈미트는 나치정권을 지지하고 유태인 법학자들을 추방하는 일에 앞장서는 적극적 역할을 했지만 나중에는 나치당으로부터 충성심을 의심받고 기회주의자로 비판받게 되었다. 그는 그의 헤겔주의적 국가관과 카돌릭적 입장, 그리고 이전의 인종주의적 정책을 비판했던 전력이 문제가 되어 정권으로부터 퇴출당했다. 1936년 그는 대학 교수직은 지켰지만 모든 공직으로부터 물러났다. 그는 정부 직에서 물러난 후 대학 교수 역할에 충실하면서 정치사상과 국제법 언구에로 관심을 돌렸다. 그는 50세 생일을 맞는 1938년에 『토마스 홉스 국가이론에서의 리바이던』을 출간했다.[11] 슈미트의 홉스 연구는 정치적 통일성에 관한 논의를 더욱 심화한 것으로 헌법이론에서 국가론으로의 진행을 의미했다. 그는 1939년에 『국제법에서의 대권역 질서』를 출간했다.[12] 그의 '대권역(Großraum)' 개념은 주권국가 중심의 국제법 질서에 대한 대안으로 제시된 것으로 영미적 자본주의 국제 질서에 대한 대응과 동시에 독일 중심의 국제질서를 정당화하려는 의도를 가지고 있었다. 그가 제시한 '대권역'은 외부적 불간섭과 내부적 간섭의 의미를 모두 포함하는 '수행공간(Leistungsraum)'을 의미하는 것이었다. 그는 제국주의적 자본주의 이데올로기로 변질됐다고

---

10 Armin Mohler(ed.), *Carl Schmitt: Briefwechsel mit einen seiner Schüler*(Berlin, 1995), p. 418. Reinhard Mehring, 앞의 책, p. 339 재인용.

11 Carl Schmitt, *Der Leviathan inder Staatslehre des Thomas Hobbes*(1938).

12 Carl Schmitt, *Völkerrechtliche Großraumordnung und Interventionsverbot für raumfremde Mächte*(1939).

보는 미국의 몬로 독트린(Monroe Doctrine)에 대응할 독일 중심 중 · 동유럽(Central and Eastern Europe) '대권역'을 형성할 것을 주장했다. 그는 국제연맹은 '자본가적' 이익에 기초하는 질서지만 독일이 추구하는 '대권역'은 민족 집단들의 '인민적(vokliche)' 이익에 기초하는 것이라고 했다. 슈미트의 국제법 이론은 독일 민족주의를 반영하는 것으로 나치정권의 침략 전쟁을 뒷받침하는 논리로 이용될 수 있었다.

나치 독일의 오스트리아 합병을 시작으로 한 세계대전은 대학에도 영향을 주었다. 대학은 남학생들이 징집되어 군에 입대함에 따라 학생 수가 격감했고 교과과정도 여학생과 외국 유학생 위주로 운영되게 되었다. 외국 학생들은 지정학과 해외 지역연구에 더욱 관심을 갖고 있었고 따라서 강좌나 교과 내용도 그러한 수요에 맞추어 개편되었다. 슈미트는 1940년 프랑스, 스페인, 포르투갈, 항가리, 루마니아 등을 순회하면서 강연 활동을 했다. 그는 1942년에 세계역사에 관한 철학적 성찰을 내용으로 하는 『땅과 바다』를 출간했다.[13] 슈미트는 이 때부터 국제법 체계를 집대성하는 『대지의 노모스』 집필을 시작했다. 이 책은 종전 후 1950년에 출간되었다.[14] 『대지의 노모스』는 사실상 슈미트의 마지막 저서라고 말할 수 있다. 그는 역사학과 정치지리학 지식을 동원하여 유럽 중심의 세계질서 기원을 서술하고 19세기 말 주권국가 중심의 질서와 유럽공법(ius publicum

---

13 Carl Schmitt, *Land und Meer: Eine weltgesichtliche Betrachtung*(1942); 김남시 역, 『땅과 바다』(꾸리에, 2016),

14 Carl Schmitt, *Der Nomos des Erde im Völkerrecht des Jus Publicum Europaeum*(1950); 최재훈 역, 『대지의 노모스』(민음사, 1995).

Europaeum)이 붕괴하게 된 원인을 분석하면서 새로운 세계질서의 등장을 전망했다. 그는 특히 1차 세계대전 이후 미국의 등장과 역할을 주목하면서 새로운 세계질서 태동과 관련된 지구적 문제에 관한 통찰을 보여주었다.

1943년 그의 아버지가 90회 생일을 맞는 해에 그의 어머니가 세상을 떠났다. 그는 1943년과 1944년 스페인 포르투갈을 여행하며 정치와는 거리를 둔 생활을 했다.

5. 은둔과 회상

슈미트는 나치 독일의 패전과 종말을 베를린 현장에서 목격했다. 베를린은 1945년 4월 25일에 소련군에 의해 포위되었다. 4월 30일에는 히틀러가 전날 그와 결혼식을 올린 애인 에바 브라운(Eva Braun)과 함께 피살되었다. 그날 슈미트는 소련군에 의해서 가택에 연금되고 심문을 받았다. 5월 7일에는 독일군이 연합국에게 무조건 항복을 선언하고 다음날 항복 문서에 서명했다. 두 달 가까이 베를린을 점령한 소련군은 약탈과 산업시설 파괴 등 행패를 자행했다. 6월 말 미국과 영국 군대가 진주하면서 정세가 다소 안정되었다. 7월부터는 포츠담(Potsdam)회담이 열리면서 베를린은 연합국 정치지도자들이 모여 전쟁 종식과 전후 문제 처리를 협의하는 국제정치외교의 중심 무대가 됐다.

슈미트는 9월 26일 미군에 의해서 체포되어 구금됐고 10월에는 그의 서재에 대한 압수 수색과 심문이 진행됐다. 이때 슈미트에 대한 심문을 주관한 사람이 미군정 고문관이었던 칼 뢰벤슈다인(Karl Löwenstein)이었다. 칼 뢰벤슈타인은 뮌헨대학을 졸업하고 헌법학을 가르치다가 나치정권의 탄압을 피해 미국으로 망명하여 예일대학(Yale University)과 암허스트대학(Amherst College)에서 정치학과 헌법 및 국제법을 강의했다. 2차 대전 후 그는 미국 법무부 파견으로 독일 미군정부에서 고문관으로 일했다. 슈미트는 10월 30일 유치장으로 보내졌고 11월 20일부터 뉘른베르크 전범재판이 시작됐다. 이 때 그의 아내는 베를린에 머물면서 그를 면회하고 미군 당국에 그의 석방을 청원하는 활동을 했다. 슈미트는 12월 옥중에서 그의 부친이 타계했다는 부음을 들었고 또 대학으로부터 그의 교수직이 파면되었음을 정식으로 통고받았다. 그는 1946년 10월 구금 1년 만에 석방되었다.

석방된 슈미트는 베를린 정세가 불안함을 느끼고 고향 플레텐베르크로 귀향할 생각을 하고 있었다. 그런데 1947년 3월 그는 다시 군정당국에 의해 소환되어 구금되고 뉘른베르크 전범재판소에서 5주간 여러 차례의 심문을 받았다. 심문관은 그가 어느 정도 이론적으로 나치정권을 지지했는지 그리고 그가 전쟁 준비 과정에서 얼마나 핵심적인 역할을 했는지에 관해서 물었다. 슈미트는 그가 제안한 '대권역' 이론과 나치당의 강령이나 나치 친위대 법학자 횐(Reinhard Höhn)의 주장과는 다른 것이라고 대답하고 그가 취임했던 프러시아 추밀원 위원 직책은 나치당을 추종하는 것이 아니라 나치당을 견제하는 것이었다고 변명했다. 그는 권력의 폭압적 속성을 잘 알고 있었다고 말함으로써 그가 나치정권에 협조할 수밖에 없었던 위협과 심리적 압박감을 받았음을 암시했다. 슈미트는 1947년 5월 13일 기소되지 않고 심문을 위한 구금 상태에서 풀려나 석방됐고, 5월 21일 가족들과 같이 고향 플레텐베르크로 이사했다.

플레텐베르크는 기차역이 있는 강가의 소읍이었다. 그의 고향 집은 계곡이 내려다보이는 산 기슭에 자리 잡고 있었다. 슈미트 부부는 고향 집에서 피아노 교사와 초등학교 교사로 일하고 있던 두 누이동생과 같이 살았다. 그 다음 해에는 학교를 다니기 위해서 떨어져있던 딸도 합류했다. 슈미트는 고향에 돌아와 가족들과도 좋은 관계를 유지하며 등산도 하고 강가를 산책도 하며 평온한 생활을 즐겼다. 그는 60회 생일을 맞으며 자신의 생애를 뒤돌아보는 지적 성찰을 일기로 쓰기 시작했다. 이 일기는 1947년부터 1951년까지 계속됐는데 그의 사후에 출간되었다.[15] 여기에서 그는 히틀러에 관해 언급하면서 문명국가에서 어떻게 그런 '교양 없는' 한 개인이 '지도자'가 될 수 있었던 걸까 자문하면서 히틀러는 독일 역사의 산물이고 독일 역사의 꼭두각시였다고 말했다.

1949년 5월 23일 독일연방공화국이 수립되었지만 그의 설 자리는 없었다. 신병이 악화된 아내는 병원에 입원하여 2년을 투병하다가 1950년 말 세상을 떠났다. 그런 가운데 그는 1950년 『대지의 노모

15 Carl Schmitt, *Glossarium: Aufzeichnungen der Jahre 1947-1951*(1991).

스: 유럽공법의 국제법』과 『유럽 법학의 현황』을 출간했다.[16] 슈미트는 법을 지칭하는 용어로 '노모스'라는 단어를 사용하고 있는데 이는 그의 '구상 질서' 법사상을 국제법에 적용한 것이었다. 노모스는 사회정치적 행위의 기초가 되는 윤리적 차원의 사회구성체로서 법규범 이전에 존재하는 관행을 의미했다.

부인과 사별한 슈미트는 마음을 가다듬을 새로운 일거리를 찾았다. 딸 아니마가 뮨헨에 있는 예술학원에 다니기 위해서 집을 떠났다. 아니마는 한때 아버지를 따라 법학을 공부할까도 생각해보았지만 결국은 문학을 하고 번역가가 되었고 후에 아버지의 저서를 스페인어로 번역하기도 했다. 슈미트는 고향에 은거하면서도 내방객을 맞기도 하고 해외의 지인들과도 편지로 교류하고 해외여행도 다녔다. 그는 1951년 초청을 받고 스페인의 여러 지방을 순회하면서 '세계의 통일'을 주제로 강연 활동도 했다. 슈미트가 65세 생일을 맞는 1953년 옛 제자들이 축하 행사를 조직하고 그의 저작 목록을 발간했다. 150여 명이 참석한 축하 모임의 슬로건은 '격려(Epirrhosis)'였다. 슈미트는 번역가가 된 딸과 더불어 섹스피어(Shakespeare) 연구에 몰두했다. 그는 1955년 뒤센돌프 성인교육센터에서 했던 그의 햄리트(Hamlet)에 관한 강연 내용을 기초로 쓴 『햄리트냐 헤쿠바냐: 극 중의 시대 개입』을 이듬해에 출간했다.[17] 슈미트는 스스로 자신의 지성사

---

16 Carl Schmitt, *Die Lage der Europäischen Rechtwissenschaft*(1950); 김효전 역, 『유럽 법학의 상태』(교육과학사, 1990).

17 Carl Schmitt, *Hamet oder Hekuba: Der Einbruch der Zeit in das Spiel*(1956).

적 위상 또는 권력(Macht)과 정신(Geist)의 두 세계 간을 방황하는 처지를 햄리트에 견주어 보려했다.

슈미트의 스페인과의 인연은 그의 외동딸이 스페인의 법사학자인 알폰소 오테로(Alfonso Otero)와 결혼함에 따라 더욱 긴밀해졌다. 그의 딸 아니마는 결혼 후 스페인에 정착했고 슈미트는 딸을 방문하기위해서 스페인에 자주 갔다. 슈미트는 75세 생일을 맞는 1963년『파르티잔: 정치적인 것의 개념 보완』을 출간했다.[18] 슈미트는 크라우제비치(Clausewitz)로부터 레닌(Lenin), 마오쩌둥(毛澤東)에 이르는 게릴라전과 혁명전쟁 개념의 발전 과정을 검토하고 현대적인 전쟁과 정치 그리고 적의 개념 보완을 시도하면서 테러리즘의 등장 가능성도 시사했다. 그는 특히 마오쩌둥의 유격전 개념에 주목하면서 제3의 대권역으로서의 중국의 등장에 대한 관심을 나타냈다.

슈미트는 1968년 80회 생일을 맞았다. 전후 독일의 사회와 대학은 큰 변화의 전환점에 처해 있었다. 1960년대 말 학생운동의 확산과 대학의 변화는 예기치 못했던 슈미트 학문의 부활을 초래했다. 좌파 슈미티안(Schmittian)은 민주주의에 대한 슈미트의 반자유주의적 이해가 자유민주주의 체제를 비판하는 급진적 입장을 강화하는데 유용함을 발견하게 되었고 우파 슈미티안 역시 그의 민족주의적 반 마르크스주의적 주장을 재조명하게 되었다. 슈미트는 1970년『정치신학

18 Carl Schmitt, *Theorie des Partisanen: Zwischenbemerkung zum Begriff des Politischen*(1963); 정용화 역,『파르티잔이론』(인간사랑, 1990).

II』를 출간했다.[19]

1970년 슈미트는 플레텐베르크 근교의 강가 숲 옆에 새 집을 지어 이사했다. 그는 새 집의 옥호를 '샌 카시아노(San Casciano)'라고 지었다. 그 새 집 이름은 마키아벨리(Niccolo Machiavelli)가 정치적으로 실권한 후 낙향하여 은거했던 시골집을 빗대면서 로마 디오클레스(Diocles) 황제 치하에서 순교한 성인 카시안(Saint Cascian)을 암시하는 것이었다. 성인 카시안은 학교 교사로 일한 기독교도였는데 황제가 그를 처벌하기 위해서 그의 제자들에게 학생 때 그가 벌을 주었으니 복수하라는 명을 내려 그의 제자들에 의해서 펜으로 찔려 죽임을 당했다고 한다. 슈미트의 정치권력에 의한 피해의식의 일단을 보여주는 대목이다.

슈미트는 마을의 이웃 사람들과도 잘 어울리며 만년의 전원생활을 즐겼다. 그는 1978년 90회 생일을 맞아 플레텐베르크 시장으로부터 '영예의 반지'를 수여받는 축하행사에 참석했다. 시장은 축하 연설을 통해서 슈미트가 나치정권의 범죄와는 무관함을 강조하면서 그가 바이마르공화국을 붕괴시키는 일에 협조한 '어용 법학자'가 아니라고 변호해주었다. 1980년 가을에 열린 미국정치학회 연차총회 학술회의에서는 슈미트의 학문을 다루는 특별 패널이 조직되었고 이때 슈미트의 평전을 쓴 벤더스키(Joseph Bendersky)도 참가하여 논문을 발표했다. 벤더스키는 1983년에 출간된 그의 슈미트 평전을

19 Carl Schmitt, *Politische Theologie* II*: Die Legende von der Erledigung jeder Politische Theologie*(1970).

생전에 슈미트에게 증정했다.

슈미트는 1983년 95세의 생일을 우울하게 맞았다. 그가 사랑했던 외동딸이 53세의 젊은 나이에 암으로 세상을 떠났다. 슈미트는 그의 유태인 친구의 동생이자 친구인 아이슬러와 오랜만에 화해의 전화 통화를 하고 기뻐했으나 오래지 않아 그 친구도 세상을 떠났다. 1984년 그는 네 명의 손자들에게 유산을 상속하는 문서에 서명하고 제자들에게는 그의 저술 사후 출판을 부탁했다. 그는 1984년 말 침실에서 넘어져 일어나지 못하고 침대에 누어 지내다가 1985년 4월 7일 병원 입원 중 타계했다.

슈미트의 짧지 않은 생애는 위기가 계속되는 시대의 위기의 삶이었다. 그가 법과 정치의 현상적 경계를 넘나들며 본질의 세계를 통찰했던 것은 그러한 위기에서나 발휘될 수 있는 비상한 정신력으로만 가능했다고 생각된다. 그는 정치의 세계를 적과 동지의 구별만이 존재하는 아나키로 이해한 점, 개인의 권리보다 공동체(국가)를 우선시한 점, 그리고 평등보다 질서를 합법성보다 정당성을 강조한 점에서 마키아벨리와 홉스를 잇는 현실주의 권력정치론자였다.

정치학자 열전

학문과 참정의 삶

레이몽 아롱

Raymond Aron

참여적 관찰자
민주 우파 공공지식인

1. 저널리스트 대학교수
2. 가정과 교육 배경
3. 저널리즘과 정치참여
4. 대학교수 생활과 학문적 지향
5. 공정과 균형의 삶

레이몽 아롱
Raymond Aron

참여적 관찰자
민주 우파 공공지식인

1. 저널리스트 대학교수

레이몽 아롱(Raymond Aron, 1905-1983)은 20세기 보수 우파를 대표했던 프랑스의 정치학자 사회학자다. 그는 파리 솔본느(Sorbonne) 대학과 콜레주 드 프랑스(Collège de France)에서 교수로서 강의와 연구를 하면서 동시에 「르 피가로(Le Figaro)」 지와 「렉스프레스(L'Express)」 지를 통해서 언론인으로서 당대의 중요란 국내외 정치사회문제에 관한 비판적 건설적 발언을 계속하는 공공지식인의 삶을 살았다. 아롱의 생애는 학자로서의 삶과 언론인으로서의 삶을 모두 성공적으로 산 특이한 사례였다. 물론 그는 학문과 저널리즘을 병행하는데 따르는 내적 갈등을 겪기도 하고 타인들의 오해를 받기도 했지만 대학과 언론 두 방면에서 모두 좋은 평판을 얻었다.[1] 어찌됐든지 그는 저널리즘 보다는 학문의 세계에 더욱 집착하고 더 치중했던 것도 사실이다.

이러한 그의 독특한 경력은 그의 학문하는 태도나 정치사회 문제에 관여하는 입장에도 영향을 미쳤다. 그의 강의나 학술적 저술들 그리고 대중을 향한 글쓰기는 사변과 이론에 치우치지 않는 현장의 감각이 배어있었고 공공문제에 관여하는 지식인의 책임감을 바탕에 깔고 있었다. 그는 스스로 자신의 삶을 '참여적 관찰자(le spectateur engagè)'로 규정하면서 이론과 실천을 결부시키려고 노력했다고 고백했다. 아롱은 대학교수로서 그의 강의를 듣는 젊은이들에게 그의 강의가 어떻게 해야 도움이 될까 그리고 그가 쓴 글이 국가를 위해서 그리고 독자들의 인격 형성에 어떻게 기여할 수 있을 것인가를 생각하며 살았다고 말했다. 그가 공공지식인으로서 시대의 정치사회 문제에 관여하는 방식은 직접적인 것이 아니라 간접적인 것이었다. 즉 그는 그가 직접 정치에 참여하거나 정치지도자들의 참모 역할을 하는 것이 아니라 정치지도자들에게는 공정한 정의를 역설하면서 시민들에게는 진정한 자유민주주의의 가치를 일깨워주는 '교육자(educator)'의 역할을 자임했다.

아롱은 미신과 편견에 대해서는 열정적으로 비판하면서 지적 정

1 Edward Shils, "Raymond Aron," *American Scholar, Vol. 54, no. 2*(Spring 1985).

직성을 강조했다. 그는 이데올로기의 정체를 폭로하고 그러한 이데올로기에 과잉 몰입하는 지식인들의 위선을 질타하는 일을 주저하지 않았다. 그는 좌파와의 거리를 유지하면서 자유민주주의 가치관을 지지하는 입장을 견지했다. 그는 또 소련 공산주의 독재를 비판하고 외교문제에 있어서도 소련의 팽창주의 위협으로부터 유럽을 지키기 위해서 미국과의 단합이 중요하다고 주장한 보수 우파였다. 그러나 그는 우파를 비판하는 일도 주저하지 않았으며 드골의 외교정책을 비판하는 냉정함도 보였다. 그러한 그의 이데올로기비판적인 입장과 공정한 태도를 비난하는 사람들은 그를 인간미가 없고 도덕적 고려를 하지 않는 '얼음처럼 차가운 명석함(icy clarity)'이라고 비꼬았다. 그러나 그는 '온정적 호도(warm confusion)'보다는 차라리 '냉정한 명석(cool clarity)'을 택하겠다고 응수했다. 당시 프랑스 지식인 사회에서는 '아롱 편에 서서 옳은 겻 보다는 사르트르(Jean-Paul Sartre) 편에 서서 틀리는 것이 낫다'는 농담이 유행했다고 한다. 전후 좌경화된 프랑스 지식인 사회에서 이데올로기적 열정의 와중을 비켜나 정치적 신중함과 지성적 책임감을 고집하고자 했던 그는 외로운 존재였다. 냉전시대 좌파들은 그를 '반동분자' 또는 '파시스트'라고 비난하고 심지어 '미국 제국주의의 앞잡이'라고 까지 말하면서 매도하려했다. 그가 인간적으로 깊은 우정을 나누었던 철학자 사르트르와 결별하고 정치적 사상적 적으로 대립했던 일화는 잘 아려져 있다.

아롱은 프랑스 국내에서보다 오히려 국외에서 더욱 인정받았다. 그는 영어와 독일어로 읽는 것은 물론 강의를 할 수 있을 정도의 어학 능력을 가지고 있었고 외국 학자들과 특히 미국과 영국 학자들과 많은 교류를 가진 프랑스인이었다. 그는 1970년대 후반 이후 소련 체제의 반인권적 실상이 폭로되고 냉전체제가 해소되기 시작하면서 지성계에서 일어난 반성 분위 속에 그의 위상을 재평가 받는 기회를 맞게 되었다.

아롱이 추구한 학문적 영역은 특정한 전공 분야나 분과를 뛰어넘는 것이었다. 그의 학문은 종합적 또는 학제적 접근방법으로 특징지울 수 있다. 그의 학문적 성취 과정을 보면 역사철학으로부터 시작해서 사회학으로 그리고 정치학으로 진행했음을 볼 수 있다. 그는 비록 사회학이라는 제도 속에서 활동했지만 그의 학문적 관심은 철학 역사학 정치학 군사학 국제관계학 등을 섭렵하는 광폭의 행보를 보여주었다. 그의 연구 주제들도 현대 산업사회의 변화, 정치체제의 문제와 국제관계, 그리고 정치사회사상 등 여러 방면에 관계돼 있다.

아롱은 그의 학문적 편력을 회고하면서 자신은 그가 추구한 모든 학문의 '변방'에 있었다고 겸양했지만 그 말은 그의 학문적 시야가 그만큼 넓었고 편협한 한계에 구애되지 않았다는 고백으로 읽어야 할 것이다. 아롱을 흔히 사회학자로 부르지만 그는 사회연구에 있어서 정치적 요인 정치체제 요인을 가장 중시하고 정치의 우위성과 자율성을 강조했다는 점에서 정치학자라고 말할 수 있다.[2] 아롱은 막스 베버의 논지를 좇아 정치는 경제의 상위 개념이며 인간 활동의

---

2 Daniel L. Mahoney, *The Liberal Political Science of Raymond Aron: A Critical Introduction*(Lantham, MD: Rowman & Littlefeld, 1992).

특정한 영역과 구별되는 '일반적 선(general good)'을 실현하기위해 노력하는 활동 영역이라고 보았다. 이런 점에서 그는 정치를 사회나 경제의 종속변수로 보는 구조기능주의자의 사회환원론이나 마르크스주의자의 경제환원론을 넘어섰다.

아롱은 학제적 접근방법을 통한 국제관계론을 전개함으로써 프랑스 국제정치학의 개척자적 역할을 했다. 그는 국제관계에 있어서 국가(state)를 가장 중요한 행위자로 보고, 국제체제를 무정부 상태(anarchy)로 전제하며, 힘 또는 권력(power) 요인을 중시한다는 점에서 현실주의자(realist)였다. 물론 그는 미국의 현실주의 국제정치학자들과 대화하고 교류했지만 그의 현실주의 국제정치론은 미국의 현실주의자들의 그것과는 차이가 있었다.[3] 아롱은 국제정치가 권력이나 국가이익(national interest) 개념만으로 설명될 수는 없다고 보았고 , 또한 권력의 다원적 성격과 국제정치와 국내정치 관련의 다차원성을 고려해야한다고 했다. 그는 국제관계에 있어서 외교정책만 아니라 국내정치 또는 정치체제 요인이 갖는 중요성을 강조했다.

정치학자로서의 아롱을 이해하는데 있어서 프랑스의 학문적 전통과 정치학의 역사를 고려하는 것이 도움이 된다. 프랑스에서는 일찍이 1872년에 국가 정치행정 엘리트 양성을 목적으로 파리에 자유정치대학(Ècole Libre Sciences Politiques)을 설립했는데 그 교육과정으로 개설됐던 과목을 '제 정치학(political sciences)'으로 불렀다. 그런데 그 정

3 Stanley Hoffman, "Raymond Aron and the Theory of International Relations," *International Studies Quarterly, Vol. 29, no. 1*(March 1985), pp. 13-27.

치학 과목의 내용은 역사학 법학 철학 경제학을 포괄하는 종합 학문적 성격을 갖는 것이었다. 2차 세계대전 종전 이후 설립된 고급공무원 양성을 위한 국립행정학교(École Nationale d'Administration)에 입학하기위한 준비 학교 성격을 갖는 정치대학(Institut d'Etudes Politiqes)의 교육 내용 역시 역사학 법학 지리학 경제학 행정학 국제관계학 등을 포괄하는 것이었다. 이렇듯 프랑스의 대학에서는 사회학이 비교적 일찍 제도적 근거를 마련한 것과 비교해서 정치학은 전문적 학문 분야로서의 제도적 지위가 취약했던 것이다. 1945년에 프랑스 정치학회가 창립되었지만 아직 대학 내 학문 제도로서의 정치학은 미숙한 단계에 있었고 1960년대 이후에 비로소 대학 내 정치학 제도화가 촉진되었다.

2. 가정과 교육 배경

레이몽 아롱은 파리의 부유한 유태인 가정에서 태어났다. 그의 아버지는 큰 섬유공장을 경영하는 아버지와 많은 지참금을 가지고 시집온 어머니로부터 많은 유산을 상속받은 부자였다. 아롱의 아버지 구스타브 아롱(Gustav Aron)은 법과대학을 졸업하고 법학교수를 지망하는 학구파였다. 그는 대학 재학 중에는 성적이 수석을 다투는 우수한 학생이었지만 법관을 지망하지 않고 법학교수자격시험에 도전했으나 실패했다. 그는 파리 시내의 여러 대학의 시간강사로 전전하다가 상업전문학교와 기술고등학교의 법학교사를 지냈다. 그는 부모의 유산으로 부유한 생활을 할 수 있었지만 학자로 성공하지 못한 좌절감을 자식들에 대한 기대로 보상받고 싶어 했다. 그는 1차 세계대전 후 증권에 투자했다가 세계적인 대공황의 물결 속에서 많은 재산을 탕진하여 경제적인 곤경을 겪기도 했다.

아롱은 그러한 아버지를 보면서 아버지의 좌절을 자신의 성취로 보상해주겠다는 각오를 하고 열심히 공부하는 모범적인 학생이었다. 그는 회고록에서 아버지의 소망에 부응하려는 다짐이 자신의 삶에 있어서 큰 동기가 됐음을 언급하고 있다. 아롱은 파리근교 베르사이유(Versailles)로 이사해서 살았기 때문에 그곳에서 중고등학교를 다녔다. 그는 중고등학교 학생 때 수학보다는 어학과 철학 과목을 좋아하여 문과를 지망했다. 그는 특히 철학 선생님의 강의에 큰 감화를 받아 법과대학이 아니라 고등사범학교 진학을 꿈꾸게 됐다. 그래서 그는 1922년 파리에 있는 콩도르세(Condorcet)고등학교 고등사범학교 문과 시험 준비반에 입학했다. 그는 2년 간 기차 통학을 하며 라틴어와 그리스어 그리고 역사 공부를 하고 1924년 파리의 고등사범학교(Ècole Normale Supèrieure)에 합격 입학하게 되었다. 당시 파리 고등사범학교는 수재들이 입학하는 프랑스 최고의 명문대학이었다.

물론 당시에는 아직 국립행정학교가 설립되지 않았을 때이지만 아론은 법과대학에 진학한다거나 장차 정치인이나 관리의 직업을 갖는다는 생각을 하지 않았다. 그러나 그가 대학생 시절 철학과 친구들과 달리 정치문제에 더 많은 관심을 가졌던 것은 사실이다. 그는 대학생 시절 마키아벨리(Niccolo Machiavelli)를 읽고 그에 관한 글을 쓰기도 했고 제네바에서 열린 국제연맹 총회를 참관하는 장기 여행을 다녀오기도 했다. 그는 또 의회를 방청하고 정치인들의 강연을 들으려 찾아다니기도 했다.

아롱은 고등사범학교 학생 시절 같은 철학과에서 후일 노벨 문학상 수상자로 결정되었으나 수상을 거부했던 철학자 문학가 사르트르와 동급생으로 같이 공부했다. 두 사람은 나중에는 사상적 정치적 입장 차이로 결별했지만 젊은 시절 깊은 우정을 나누는 관계였다. 대학생 시절 아롱은 사르트르의 재능과 풍부한 상상력 그리고 자유분방한 문장력을 부러워했다. 아롱은 1928년 대학을 졸업하고 교수자격시험(agrègation)에 수석으로 합격했다. 그런데 이때 사르트르는 그 시험에 낙방했다.

아롱은 대학 졸업 후 군 복무를 위해서 입대하여 2년간 기상관측부대에서 근무했다. 군 복무를 마치고 그는 안이한 철학 교사의 길을 가는 것에 대한 회의감으로 장래문제를 고민하게 되었는데 마침 독일 유학의 기회를 잡게 되었다. 그는 1930년 독일 쾰른(Köln)대학 프랑스어 교수의 조교 자리를 얻어 유학이라는 새로운 도전에 나서게 된다. 독일 생활의 첫 해는 언어 때문에 고생했지만 곧 독일어에 익숙해져 자유로운 대화와 독서가 가능하게 됐다. 독일에서의 3년 간 그는 훗설(Edmund Husserl)과 하이데거(Martin Heidegger), 그리고 만하임(Karl Mannheim)를 읽고 막스 베버(Max Weber)의 사회학에 심취하게 되었다.

1930년대의 국제정세는 1차 세계대전의 후유증과 마르크스주의 선풍으로 사회주의 혁명 위협이 가중되는 가운데 의회민주주의가 위기에 봉착한 불안정한 상황 속에 있었다. 아롱은 이 때 독일 현장에서 바이마르공화국 민주주의 체제의 붕괴와 히틀러(Adolf Hitler)와 나치즘(Nazism)의 등장을 목격했다. 아롱은 3년간의 독일 생활을 통해서 정치에는 비합리적인 요인이 작용하기 때문에 정치과정을 성찰하는데 있어서 도덕이나 이상을 개입시키지 않고 현실을 현실 그대로 바라보는 태도가 중요하다는 생각을 갖게 되었다.

아롱은 퀠른에서 1년 반을 보낸 후 베르린으로 가 연구소에서 연구생활을 했다. 아롱은 독일에서 유학하는 동안 일생을 같이 할 배우자를 만났다. 그녀의 이름은 쉬잔느 고숑(Suzanne Gauchon)이었는데 유태인 여성 노동운동가 시몬 베이유(Simone Weil)의 고등학교 동기동창 친구였다. 아롱은 1933년 귀국 후 쉬잔느와 결혼하고 그 이듬해에 첫 딸을 낳았다. 그의 첫 딸 도밍그 슈나퍼(Dominque Schnapper)는 커서 파리정치대학과 솔본느대학을 졸업하고 사회학자로 학문의 길을 걸었다. 이때 아롱은 안정된 가정을 꾸리고 모교인 파리고등사범학교 연구소에 근무하며 박사학위 논문을 준비하는 비교적 여유 있는 대학가의 생활을 했다. 아롱은 이 시기를 그의 생애 중 개인적으로는 행복했던 기간이었지만 시민으로서 그리고 젊은 지식인으로서는 큰 절망감에 빠져있었던 기간이었다고 회상했다.

이웃 국가 독일에서는 전체주의 군국주의 정권이 등장하고 주변정세는 전쟁의 그림자가 어른거리고 있는데 국내적으로는 경제적 위기와 정치적 위기가 중첩되어 국가 기능이 마비상태로 빠져들고 있었다. 이런 가운데 아롱은 대학교수가 되기 위해 연구에 몰두하고 있었다. 그는 1935년 첫 저서 『현대 독일 사회학』을 출간했다.[4] 1938년에는 그의 박사학위 논문 『역사철학 입문』이 통과되어 출간되었다.[5] 그의 박사학위 논문은 19세기 말 20세기 초 독일학자들의 실증주의 역사연구와 사회연구를 소개하고 그 한계를 분석하는 것이었는데 역사적 사회학적 지식의 제한성이 핵심적 주제였다.

아롱은 유태인의 후예였다. 물론 그는 자신이 프랑스 국민임을 강조했지만 유태인임을 감추려하지는 않았다. 그는 어릴 적 주위에서 유태인에 대한 배척과 반 유태인 감정을 들어내는 언행들을 보고 들으며 놀라고 두려움을 느끼기도 했지만 인종차별 문제에 크게 괘념하거나 의미부여를 하지는 않았다. 그는 프랑스 내의 유태인 사회와도 거리를 두고 살았으며 유태인 문제에 관해서 적극적으로 발언하지도 않았다. 그런데 드골 대통령이 프랑스의 중동정책을 설명하는 공식적인 자리에서 이스라엘의 정책을 비판하면서 유태인을 비하하고 반 유태인주의 연상시키는 어조의 발언을 하여 프랑스 내 유태인 사회를 자극했을 때 드골의 발언이 국가 원수로서 신중하지 못했다고 비난함으로써 관계가 나빠진 일도 있었다. 그에게도 유태인 의식은 평생 품고 살아야 할 과제였다.

---

4 Raymond Aron, La Sociologie allemande contemporaine(Paris: Alcan, 1935).

5 Raymond Aron, Introduction a la philosophie de l'histoire, Essai sur les limites de l' objectivitè historique(Paris: Gallimard, 1938).

3. 저널리즘과 정치참여

나치 독일의 침공으로 시작된 2차 세계대전의 발발은 아롱의 삶에 적지 않은 영향을 미쳤다. 대학교수로서 학문의 길을 가고자 했던 그의 계획은 잠시 지체될 수밖에 없었다. 그는 전쟁 발발 직전 지방 툴루즈대학(University of Toulouse)의 전임강사로 임용되었으나 수 주일만인 1939년 9월 군 소집명령을 받고 입대하게 되었다. 아롱은 벨기에 전선의 기상관측 부대에서 중사 계급으로 부대장 직무를 수행했다. 그러나 나치 독일군의 진공으로 전세가 기울고 프랑스군이 붕괴되어 그는 적 치하에 잔류하느냐 아니면 외국으로 나가야 하느냐 하는 선택을 해야 했다. 그는 아내와 딸을 남겨두고 영국으로 건너가기로 결정하고 1940년 6월 폴란드군 수송선을 탔다. 전쟁이 얼마나 오래 지속될 것인가 앞으로 무엇을 할 것인가 언제 다시 귀국할 수 있을까 아무런 기약도 없는 불안한 여정이었다.

아롱이 영국에 도착한 후 얼마 되지 않아 잠시 휴전이 이루어지고 동행했던 동료 군인들과 그는 다시 프랑스로 귀환하느냐 드골 지휘하에 있던 자유프랑스군에 지원하느냐 아니면 그냥 영국에 잔류하느냐 하는 세 가지 대안 중 하나를 선택해야했다. 그와 같이 왔던 대부분의 동료 군인들은 프랑스로 귀환했지만 그는 영국에 남아 자유프랑스군에 입대하기로 결심하고 전차부대 근무를 지원했다. 그런데 그는 그의 희망과는 달리 전투요원이 아니라 부대 본부 경리담당 행정요원으로 배속되어 근무하게 되었다. 그러다가 그는 런던의 자유프랑스군 사령부로부터 부름을 받고 드골 장군의 지시로 월간 잡지 「자유 프랑스(la France libre)」의 창간 준비 팀에 참가하게 되었다. 아롱은 2차 세계대전이 끝나고 귀국할 때까지 영국에 머문 4년 동안 그 잡지의 사실상의 편집 책임자로 일했다.

「자유 프랑스」지는 프랑스 국내 상황과 국제정세 그리고 국제법 문제 등을 다루는 기사들을 실었는데 아롱은 '프랑스 시사평론'란을 책임지고 매월 호에 정치정세와 이데올로기 문제에 관한 논평을 썼다. 아롱은 잡지 편집 일을 하면서 스스로 저널리즘에 재능이 있음을 확인하게 되었고 그 때 쌓은 경험이 전후 귀국하여 언론계에서 종사할 수 있는 기반이 됐다고 말했다. 아론의 런던 생활은 주로 프랑스인들과 상대하는 일이었지만 영국 지식인들과도 사귀고 교류할 수 있는 기회가 있었다. 이 때 그는 런던경제정치대학 사회학 교수로 있던 칼 만하임(Karl Mannheim)과 몇 차례 만나 대화했다. 그는 영국에 잔류하여 대학교수로 취직할 것을 제안받기도 했다. 그는 영어가 익숙해져 영어 강의에도 자신이 있었지만 프랑스인으로 살겠다는 신념으로 응하지 않았다고 한다.

아롱은 1944년 여름 프랑스로 귀국했다. 전후 프랑스 사회는 새로운 정부 구성과 정치제도 수립을 둘러싸고 다양한 이념적 분파와 정치세력들이 이합집산 하는 혁명적 분위기 속에 빠져 있었다. 아롱은 1년 반을 정세를 정관하면서 보냈다. 이 때 그는 대학에서 강의도 하고 영국과 독일의 대학에서 초청받아 강연도 했다. 그는 1946년 3월 까뮤(Albert Camus)와 같이 일간신문 「콩빠(Combat)」 창간 에 참여했다. 그는 「콩빠」 지를 통해서 평론가로 인정받았고 정계에도 영향력 있는 인물로 자리매김하게 되었다. 그러나 아롱은 직업적 언론인 보다는 대학교수가 되고 싶었다. 아롱은 1948년 솔본느대학 철학 교수 초빙에 지원했으나 받아 주지 않아 잠시 언론인의 길을 계속 가야 했다. 그가 이룬 언론인으로서의 성취가 오히려 그가 지망하는 학자의 길에 방해가 됐다. 당시 대학 측은 그가 대학보다 저널리즘을 더욱 선호하는 것으로 오해하여 초빙에 적극적이지 않았다는 것이다. 언론인의 길을 계속 갈 수 밖에 없게 된 그는 또 하나의 선택을 해야 했다. 즉 「르 몽드(le Monde)」와 「르 피가로(le Figaro)」 두 신문 중 어느 쪽을 선택하느냐 였다. 두 신문은 당시에는 조간과 석간의 차이 이외에 이념적 정치적으로 큰 차이가 없었다. 물론 후에 「르 몽드」지는 반미적 좌파적 경향을 갖게 되고 「르 피가로」는 중도 우파적 성향을 띄게 되었다. 아롱은 반공주의적 입장과 유럽동합을 옹호하는 「르 피가로」를 선택하여 그곳에서 칼럼니스트로 30년을 일했다.

아롱은 드골이 이끄는 프랑스국민연합(Rassemblement du Peuple Françaiss, 약칭 RPF)에 가입했다. 많은 사람들은 그의 결정을 의외라고 여겼는데 실은 그가 드골 정당에 가입한 배경에는 연상이지만 친구로 지내던 앙드레 말로(André Malaux)의 적극적인 권유가 있었다. 프랑스 국민연합은 의회민주주의를 지향하는 정당으로 가장 확고한 반공주의적 입장을 취하고 있었다. 아롱은 드골 지지자로 드골과 여러 차례 만나고 대화도 갖는 관계였다. 아롱은 늦동이 딸을 낳았는데 건강치 못해 죽는 슬픔을 당했을 때 드골이 위로의 편지를 보내주고 나중에 만나 드골이 자신의 딸 때문에 겪은 고통을 이야기하면서 동병상린 했던 일화를 회고록에 적고 있다.

아롱은 언론인으로 활동하면서 여러 차례 해외 취재 여행을 했다. 그는 1950년 프린스턴대학의 한 연구소 초청으로 처음 미국을 방문했는데 그 때 미국 언론인 월터 리프만(Walter Lippman)을 만났다. 아론은 1951년 샌프란시스코 평화회의 취재차 다시 미국을 방문했다. 1953년에는 일본 홍콩 인도 등 아시아 국가를 순방하며 정치지도자들을 면담하고 1956년에는 처음으로 이스라엘을 방문하여 예루살렘대학에서 강연했다.

아롱이 언론인으로 왕성하게 활동할 때 집필한 대표적인 저서가 1955년 출간한 『지식인의 아편』이다.[6] 이 책은 그가 1952년부터 3년간에 걸쳐 심혈을 기울여 썼는데 그는 이 책을 쓰게 된 아주 사적인 동기가 딸을 잃은 슬픔을 잊고 싶은 이를테면 마음의 상처를 치유하기위한 것이었다고 고백했다. 아론은 젊은 시절 칸트 철학에 심취했고 한때는 사회주의자였다. 그는 대학생 시절 급진적인 학생들이 대부분 겉으로 혁명가연 하며 내세우는 주장과는 다르게 실제는 부르주아지라는 사실을 목격하고 마르크스주의에 대해서 회의를 갖기 시작했다. 그는 마르크스 저작들을 읽으면서 이론과 실제 간에 거리가 있음을 발견하고 비판적으로 이해하게 되었다. 더 나아가 그는

6 Raymond Aron, *L'Opium des intellectuals*(Paris: Calmann-Levy, 1955); *The Opium of Intellectuals*(London: Secker & Warburg, 1957); 안병욱 역, 『지식인의 아편』(서울 : 삼육출판사, 1986).

마르크스주의가 지식인들에게 호소력을 갖는 배경 원인이 무엇인가, 그리고 그것이 많은 지식인들로 하여금 폭력을 정당화하도록 만드는 이유가 무엇인가를 묻게 되었다. 그는 당시 프랑스 지식인 사회를 풍미하던 마르크스주의와 공산주의가 지식인을 타락시키는 마약이라는 결론에 이르게 되었다. 그의 책 제목의 '아편'이라는 표현은 바로 마르크스가 종교를 지칭하여 인민들을 타락시키는 '아편'이라고 쓴 것에서 따온 것이었다. 이 책의 내용은 좌파의 혁명 구호와 프롤레타리아 계급의 허구성을 폭로하면서 마르크스주의에 미혹된 프랑스 지식인들의 주장을 논박하는 것이었다. 보다 심층적으로 이해한다면 그 책은 급진적인 이상주의적 역사의식에 대한 비판이며 지식인들이 이데올로기에 과잉 몰입하게 되는 사회심리 현상에 대한 분석이었다. 이 책은 좌파로부터는 반발을 우파로부터는 찬사를 불러 일으켰다.

아롱은 1977년 5월 그가 사임할 때까지 30년간 「르 피가로」 지와 관계를 맺고 시대의 중요한 문제에 관한 권위 있는 논평을 계속했다. 그는 이데올로기적 분열이 양극화돼있던 냉전시대에 대중적 글쓰기를 통하여 역사적 정치적인 문제에 대한 균형 잡힌 이해를 강조했다. 저널리즘을 통한 그의 정치 관여는 지식의 책임 윤리 기반에 서있었다.

4. 대학교수 생활과 학문적 지향

레이몽 아롱은 자신이 언론인으로서는 많은 것을 성취했다고 여겨졌을 때 마음속에 깊이 간직하고 있던 대학교수의 꿈을 이루고 싶었다. 그의 나이 50세가 되던 1955년 솔본느대학 교수 초빙에 지원할 기회가 왔다. 당시 솔본느대학의 교수 초빙제도는 후보자들을 놓고 단과대학 교수회의에서 투표로 임용할 사람을 결정하는 방식이었다. 당시 교수회의의 다수를 차지했던 공산당원이거나 좌파 성향의 교수들이 그에게 우호적일 리가 없었다. 그들은 아롱을 반대하는 운동을 벌였다. 특히 직전에 출간된 그의 저서 『지식인의 아편』에 대한 반감이 컸다. 그를 적극적으로 반대하는 어떤 사람은 아롱은 정부에서 장관을 맡는 것이 걸 맞는데 교수직에는 적합하지 않다고 비아냥했다. 그가 언론계에서 이룬 경험과 업적이 오히려 약점인 것처럼 보였다. 그 때 철학과 교수 12명 중에 아롱을 지지하는 사람과 반대하는 사람이 각각 반반이었다. 3차 투표까지 가면서 한 교수가 반대에서 찬성의 입장으로 태도를 바꾸는 어려운 과정을 거쳐 가까스로 그의 임용이 결정됐다.

아롱은 교수직에 취임한 후에는 비록 늦은 나이에 시작한 교수직이었지만 별다른 어려움 없이 대학 생활에 잘 적응했다. 물론 이전의 강사 경험이 도움이 됐다. 그의 강의실은 만원을 이루었고 그는 학생들에게 인기 많은 교수가 됐다. 그는 특히 사회학 강좌를 확대하고 사회철학과를 신설하는 등 사회학의 제도화와 발전을 위해서 노력했다. 아롱은 학생들에게 매우 엄격한 교수로 정평이 났다. 그는 강의에 매우 성실했고 논문을 지도하는 일에 있어서도 매우 꼼꼼하게 읽고 지적을 많이 하는 등 깐깐한 태도 때문에 '잔인한' 교수라는 평판도 받았다.

아롱은 1950년대에 '산업사회에 관한 18강', '계급투쟁론', 그리고 '민주주의와 전체주의'와 같은 정치사회학 강좌를 이어서 개설했다. 이때 강의 내용을 책으로 출간한 것이 이른바 그의 정치사회학 3부작이다.[7] 아롱은 독일 사회학 특히 막스 베버의 사회학을 소개하는 한편 프랑스 고유의 정치사회학 전통 복원을 시도했다. 아롱은 두르크하임(Emile Durkheim)과 콩트(Auguste Comte)의 사회학을 '사회학주의(sociologism)'라고 비판했다. 즉 두르크하임이나 콩트는 사회결정론 또는 사회적인 것의 우위성을 강조하는 점에서 '사회학주의자' 즉 사회환원론자라는 것이다. 아롱의 정치사회학은 국가 사회 그리고 경제를 엄격히 구분하지 않고 국가나 사회구조가 아니라 '정치체제(political regime) 문제를 초점으로 삼았다. 그는 정치체제와 정치적 요인의 중요성과 우위성을 강조한 점에서 몽테스키외(Montesquieu)나 토크빌(Alexis de Tocqueville)의 고전적 정치학의 전통을 재현했다고 볼 수 있다. 그의 정치사회학이 사회학이 아니라 정치학이라고 지적하는 사람들에게 그는 그러한 인위적 학문 분류가 무슨 의미가 있는

---

7 Raymond Aron, *Dix-huit leçons sur la société industrielle*(Paris: Gallimard, 1963); *Eighteen Lectures on Industrial Society*(London: Weidenfeld & Nicolson, 1967); La Lutte des Classes(Paris: Gallimard, 1964); *Démocratie et totalitarisme*(Paris: Gallimard, 1965).

일이냐고 반문했다.

아롱은 정치사회학 강좌에 이어 1960년대에는 국제관계론 강좌를 개설했다. 이때 강의안을 발전시킨 것이 그의 역작 『평화와 전쟁: 국제관계의 이론』이다.[8] 이 책은 1년간 하버드대학에 방문교수로 가서 연구 활동을 하면서 집필을 완성하였는데 1966년에 출간됐다. 아롱은 이 책이 그가 가장 심혈을 기울여 쓴 야심적인 저술이며 그로 인해서 그가 언론인 출신 교수로 학술적 수준이 떨어진다는 편견들을 불식시키는 계기가 됐다고 말한 적이 있다. 그의 동료 교수들도 그 책이 아롱의 '제2의 박사학위 논문'이라고 호평하며 그 학술적 가치를 인정했다고 한다. 그 책에 대한 해외의 반응도 좋았다. 예컨대 독일의 칼 슈미트(Carl Schmitt)는 아롱에게 그 책에 대한 독후감 편지를 보내며 탁월한 업적이라고 평했고 미국의 헨리 키신저는 뉴욕 타임스지의 서평을 통해서 심오한 선구적 업적이라고 평했다. 영국의 「옵서버(Observer)」지는 아롱을 '국제관계 연구에서의 미국의 독점적 지위에 도전한 유럽의 기사'라고 칭찬했다.

레이몽 아롱은 프랑스에서 국제정치학 또는 국제관계학을 개척하고 독립적인 학문 분야로 정립하려고 노력한 선구자의 한 사람이다. 그는 미국의 국제정치학자들 특히 독일 출신 이민 정치학자로 현실주의 국제정치이론을 정립한 한스 몰겐소(Hans Morgenthau)와 하버드대학 교수를 지내고 닉슨(Richard Nixon) 대통령의 국가안보 보좌

8 Raymond Aron, *Paix et guerre entre les nations*(Paris: Calmann-Levy, 1962); *Peace and War: A Theory of International Relations*(Garden City, NY: Doubleday & Company, 1966).

관과 국무부 장관을 역임한 헨리 키신저(Henry A. Kissinger) 등과 교류하며 독창적인 국제관계 이론을 정립했다. 그는 국제관계 연구에 있어서 '외교적-전략적 행위(diplomatic-strategic behaviour)' 개념을 기초로 헤서 국가를 가장 중요한 행위자로 보는 점, 국제체제를 무정부 상태(anarchy)로 전제하는 점, 그리고 권력(power)의 기능을 중시하는 점에서 현실주의자라고 말할 수 있다.

그러나 그의 현실주의는 미국 국제정치학자들의 현실주의와는 차이가 있는 독창성을 가지고 있다. 하버드대학 국제정치학 교수였던 스탠리 호프만(Stanley Hoffman)은 아롱의 국제관계 이론이 갖는 특징을 미국적인 '권력정치(power politics) '개념의 거부, 권력 개념의 다차원성, 국내정치 또는 정치체제 요인의 중시, 그리고 세계경제체제(world economic system)의 고려 등으로 설명했다.[9] 아롱은 권력 추구만이 정치의 본질이라고 보지는 않는다. 그에 의하면 국제관계는 권력 개념이나 국가이익(national interest) 개념만으로 설명될 수 없으며 이데올로기나 외교정책, 그리고 테크놀로지 같은 요인들을 다 같이 고려해야한다고 주장했다. 그는 또 수단으로서의 권력과 목적으로서의 권력을 구별해야한다고 본다. 그는 미국의 현실주의 국제정치 이론가들이 말하는 '권력정치' 개념은 유럽의 '마하트포리티크(Machtpolitik)' 개념을 왜곡한 것이라고 말한다. 즉 19세기 독일 정치사학자 트라이츠케(Heinrich von Treitschke)가 언급한 '마하트포리티크'

9 Stanley Hoffman, 앞의 글.

와 직역된 영어의 '파우어 포리틱스'는 그 의미함축이 다르다는 것이다. 마하트포리티크는 문명을 지키기 위한 소명으로 강국을 추구하는 것, 즉 가치의 개념인데 파우어 포리틱스는 목적의식이 배제된 다시 말해서 소명감이 사라진 적나라한 권력의지만 있는 사실 개념이라는 것이다.[10]

아롱은 당대 국제적 냉전체제의 본질을 권력 갈등과 이데올로기적 적대감이 중첩된 상황으로 이해했다. 그는 또 그것이 국가 간의 갈등과 국내정치적 갈등이 엉키어 국제체제를 더욱 불안정하게 만들고 있는 '양극화된 이질체제(bipolar heterogeneous system)'로 규정했다. 그는 국제정치의 이해에 있어서 현실과 이상의 균형을 찾으려고 노력했지만 평화의 가능성을 낮게 보았고 따라서 소련의 붕괴와 탈냉전을 예측하지는 못했다. 아롱은 특히 미국의 학자들과 많은 교류를 했다. 그는 하버드대학과 시카고대학의 객원교수로 미국에 가 있었고 록펠러 재단으로부터 많은 연구비 지원을 받기도 했다. 그는 헨리 키신저와 오래 동안 친분을 유지했는데 키신저는 그 보다 나이가 어렸기 때문에(18세 연하) 그를 '형님' 또는 '선생님'이라고 부르며 호감을 표시했다고 한다.

아롱이 솔본느대학에 몸담고 있던 시기는 정치적으로 매우 불안정한 때였다. 파리는 1960년대 전 세계를 휩쓴 좌경화 선풍의 진원지였다. 그는 프랑스 현대사의 큰 전환점이 된 1968년 5월 사태의

---

10 Raymond Aron, *Peace and War: A Theory of International Relations,* 앞의 책, pp. 591-600.

현장에 있었다. 그는 당시 솔본느대학 사회학과 학과장 직을 맡고 있었다. 파리의 대학생들이 자본주의 반대, 미국 제국주의 반대, 드골 대통령의 퇴진 등의 구호를 외치며 대규모 가두시위에 나서고 솔본느대학 캠퍼스를 점거하여 농성 투쟁을 벌이는가 하면 노동자들도 공장을 점거하고 전국적인 파업 투쟁을 벌였다. 일부 대학교수들도 학생과 노동자들을 지지하며 항의 행진에 가담했다. 경찰과 학생 시위대가 충돌하여 수백 명의 학생들이 체포되기도 했다. 전국적으로 경제활동이 사실상 정지되고 폭력 혁명과 내란이 초래될 가능성까지 우려되는 상황에서 정부 기능도 마비상태에 빠졌다. 심지어 대통령이 예정돼있던 내각회의를 취소하고 비밀리에 엘리제궁을 떠나 독일 주재 프랑스 군부대로 잠적하는 일까지 일어났다. 다행히 경찰의 유연한 대처로 과격한 폭력 사태를 피하게 되고 드골 대통령의 의회 해산 명령과 총선거 실시 선언으로 사태가 수습되었다. 이를 계기로 드골의 인기는 추락하였고 이듬해 그가 사태의 반전을 기대하고 실시한 신임 국민투표에서 패배함에 따라 드골은 정계를 은퇴했다.

아롱은 1968년 5월 사태의 혁명적 상황에서 정관과 침묵의 태도로 일관했고 그러한 그의 태도는 좌파와 우파 양측으로부터 다 같이 오해를 받았다. 당시 그의 입장은 드골의 리더십과 정책을 비판하고 있었기 때문에 정부의 경계대상 인물이었고 따라서 정부 측은 사태를 수습하는 그의 합리적 발언을 기대하지 않았다. 그는 또 경찰이 대학 캠퍼스에 진입하는 것에 대해서는 항의했지만 과격한 학생들과 노동자들의 행동을 지지할 수는 없었다.

아롱은 1970년 솔본느대학을 떠나 콜레쥬 드 프랑스(Collège de France)의 교수로 취임했다. 콜레쥬 드 프랑스 교수로 선임된다는 것은 학자로서는 최고의 영광이었다. 그는 정신적으로 비교적 안정감을 갖게 되고 새로운 의욕과 열정을 가지고 그의 건강이 악화된 1977년까지 학문 활동을 계속하게 됐다. 이 때 그는 강의 내용을 기초로 해서 여러 권의 책을 발간했다. 그중 대표적인 것이 『제국적 공화국: 미국과 세계, 1945-1973』, 『크라우제비츠: 전쟁철학자』, 그리고 『쇠퇴하는 유럽의 변호』이다.[11]

아롱은 1977년 4월 혈전증으로 병원 응급실을 찾았다. 그는 갑작스런 건강의 악화로 실어증에 걸렸고 죽음의 그림자가 그를 맴돌고 있다는 느낌을 갖게 되었다. 그는 회고록에서 이 때부터 죽음의 '집행유예' 선고를 받았다고 썼다. 다행히 그는 언어 교정 치료를 받고 건강을 회복했으나 더 이상 강의를 계속할 수가 없었다. 30여 년간 계속해왔던 「르 피가로」지의 칼럼 집필도 마감했다. 그러나 그는 「렉스프레스(l'Express)」지에 칼럼을 계속 썼고 강의 의무에서 해방되어 또 다른 책을 쓰기위한 계획을 세우는 의욕을 보여주었다. 그는 언어 능력 회복을 위해 노력하여 1982년에 옥스퍼드대학에 가서 무난하게 영어로 즉석 강연도 할 수 있었다.

11 Raymond Aron, *The Imperial Republic: The United States and the World, 1945-1973*(New York: Little Brown, 1979); *Clausewitz: Philosopher of War*(London: Routlege, 1983); *In Defence of Decadent Europe*(South Bend, IN: Regnery, 1977).

5. 공정과 균형의 삶

아롱은 그의 생애 마지막 죽기 직전까지 그의 삶을 정리하는 회고록 집필에 몰두했다. 그의 마지막 저술인 회고록은 한 지식인 의 삶의 기록을 넘어 20세기 역사의 증언이다. 그의 회고록 『회고록: 정치적 회고 50년』은 그가 쓴 저서들과 글들을 다시 읽고 비평하고 보완하는 내용과 그가 알고 지냈던 많은 유명 인사들과의 관계와 일화들을 담고 있다.[12] 그는 1983년 7월 회고록을 출간한 3개월 후에 세상을 떠났다. 그는 그의 생을 마무리하는 깔끔한 모습을 보여줌으로써 또 그의 개성을 들어냈다.

아롱은 2차 세계대전 중 런던에서 드골과 동지적 관계를 맺은 이래 전후에도 드골이 지도하는 프랑스국민연합에 가입하여 정치적으로 드골을 지지하는 입장을 계속 유지했었다. 그러나 그는 드골의 카리스마적 리더십에 대해서는 비판적이었고 외교정책과 안보정책에 관해서는 드골과 다른 견해와 입장을 가지고 있었다. 아롱은 냉전시기에 미국만이 소련의 위협으로부터 유럽을 보호해줄 수 있다는 신념을 가지고 있었고 그러므로 미국과 유럽의 단결을 중시하는 대서양주의자(Atlanticist)였다. 아롱과 드골과의 관계가 결정적으로 악화된 것은 1967년 11월 드골 대통령이 아랍과 이스라엘 간의 소위

12 Raymond Aron(translated by G. Holoch), *Memoir: Fifty Years of Political Reflection*(New York: Holmes & Meier, 1983). 이준오 이유경 역,『권력과 지성: 레이몽 아롱 회고록』(서울: 어문각, 1984).

'6일 전쟁'에서 이스라엘이 승리를 거둔데 대해서 언급하는 가운데 이스라엘을 비판하면서 유태인을 비하 또는 경원하는 어조의 발언을 한 것이 계기가 되었다. 당시 드골은 유태인들을 지칭하여 '자기 확신에 차있는 거만한 선민(peuple d'elite sûr de lui-même et dominateur)'이란 표현을 했다. 드골의 그러한 발언 배경에는 프랑스 내 유태인들이 지나치게 이스라엘의 승리에 환호하는 점을 지적하면서 대 아랍 국가들과의 경제적 이해관계의 중요성을 환기시키려는 고려가 있었다. 드골의 발언은 프랑스 내 유태인들의 반발을 불러일으켰다. 아롱은 드골의 발언을 반유태주의라고 비판하지는 않았지만 국가 지도자로서의 언행으로서는 부적절했다는 점을 지적했다.

1970년대 후반 특히 소련 반체제 작가 솔제니친(Aleksandr Solzhenitsyn)이 소련 내 수용소(Gulag)의 실상을 폭로하고 인권 탄압 상황을 증언한 이후 프랑스 지식인 사회에서는 소련과 공산주의에 대한 비판적인 인식이 높아지게 됐다. 마르크스주의에 대한 매력도 퇴조하는 등 정세 변화는 아롱의 지적 권위를 높여주었다. 아롱은 그의 회고록에서 인간적으로 절친한 친구였지만 이념적 정치적 적으로 변했던 사르트르와의 우정과 결별에 관한 회한의 감상을 적고 있다. 그는 사르트르와 같이 뛰어난 인재가 왜 이데올로기의 망상에 사로잡혀서 정치적 도덕적 판단력을 잃고 방랑하며 살면서 그토록 많은 젊은이들을 오도했는가 하는 안타까움을 토로했다.

대학교수로서 그리고 언론인으로서 아롱은 단지 관찰자의 위치에만 있었던 것은 아니었다. 그는 어느 정도는 인사이더였다. 그는 많은 정치지도자들과 긴밀한 관계를 가지고 정치적 조언과 자문을 했다. 그는 여러 차례 정부의 직책을 맡도록 제안을 받았으나 거절했다. 어떤 사람들은 그가 대통령이 될 만한 재능을 가지고 있다고 인정했고 또는 그가 미국의 헨리 키신저와 같은 유능한 외교적 참모가 되지못한 것을 아쉬워하기도 했다. 그러나 그는 자신이 국가를 통치할만한 자질을 갖추지 못했으며 보좌관 수준의 권한을 행사하는 책무를 수행하기에도 부족한 사람이었다고 겸양했다. 그는 자신이 글을 쓰는 일에는 신중하지만 말하는 데 있어서는 자제력이 부족하여 외교적 언사에 능하지 못하고 거짓말도 못해서 정치하기에는 적합하지 못하다고 말했다. 그는 양심에 억매이는 조심성과 폭력에 대한 혐오감 때문에 정치나 행정 업무와 잘 어울리지 않으며 그러므로 스스로 국가나 정부의 수반이나 정부의 어떤 직책도 맡아 해보겠다는 꿈을 꾸어본 적이 없다고 했다.

그의 학문적 후계자라고 할 수 있는 마넹(Pierre Manent)은 스승 아롱의 겸손하고 성실한 학문 태도를 칭송하면서 그의 장점은 열정과 공정한 판단의 균형감이라고 평했다. 마넹은 전후 세대로 공산주의자인 아버지를 두었지만 파리고등사범학교에 입학하여 좌파 학생들과는 거리를 두고 정치철학을 공부했다. 그는 대학 졸업 후 콜레쥬 드 프랑스에서 아롱의 조교로 일하면서 고대 정치철학을 연구했다. 그는 고등 사회과학학교(EHESS)에 설립된 '레이몽 아롱 연구소'(후에 학제적 연구기관인 '레이몽 아롱 정치사회학 연구소'로 개편되었다.)의 소장을 역임하면서 아롱의 학문 전통을 계승하려고 노력했다.

아롱은 1979년 설립된 토크빌 재단(Tocqueville Foundation)으로부터 첫 번째 토크빌상을 받는 수상자로 선정됐다. 사람들은 그를 '20세기의 토크빌'이라고 불렀다.[13] 아롱이 일관되게 자유주의를 옹호하며 지성의 책임 윤리를 강조하고 실천하는 삶을 살았다는 점에서 그는 알렉시스 토크빌과 막스 베버를 합한 인격이었다고도 말할 수 있을 것이다.

---

13 Henri Peyre, "Raymond Aron, the Tocqueville of the Twentieth Century," *Laurels, No. 58*(1987), pp. 76-86.

정치학자 열전

학문과 참정의 삶

새뮤엘 헌팅톤

Samuel Phillips Huntington

세계 민주화 정치발전의 지도교사

새뮤엘 헌팅톤
Samuel Phillips Huntington

•

세계 민주화 정치발전의 지도교사

1. 세계 정치학계의 거인

새뮤엘 헌팅톤(Samuel Phillips Huntington, 1927-2008)은 20세기 후반의 대표적인 정치학자이다. 그는 가장 미국적이면서도 세계적인 정치학자였다고 말할 수 있다. 미국의 정치학은 미국 민주정치의 발전과 세계적 강대국으로 등장한 미국의 국제적 역할을 배경으로 발전되었고 세계적인 정치학의 발전을 선도했다. 헌팅톤은 연구와 교육 그리고 나아가 정책 참여를 통해서 탁월한 업적을 쌓은 미국 최고의 정치학지로 평가받았다.

그는 자유민주주의 가치관과 미국 정치체제에 대한 투철한 신념과 미국 국가에 대한 충성심이 정치학자로서의 학문적 바탕이 됐음을 인정했다. 그러나 그의 학문적 시야와 정치현실 문제에 대한 관심은 전 지구적이었다. 또 그의 학술적 저술과 정책적 제안들은 전 세계 학자들과 정책수립가들에게 큰 영향을 미쳤다. 그의 사후 동료 학자들은 그를 추모하면서 20세기 후반 반세기간 미국을 대표하는 '공공 지식인(public intellectual)'이었으며 세계 학계에서 가장 영향력 있는'거인'이었다고 평가했다.[1]

헌팅톤은 민주적 정치개혁을 위한 정치학의 역할과 사명을 명확히 자리매김하는데 있어서 큰 기여를 한 탁월한 정치학자였으며 동시에 성실한 학문의 자세와 사회정치적 삶의 모범을 보여준 '대가'였다. 그의 경력은 뛰어난 학문적 업적과 공공문제에 대한 적극적인 관여가 잘 조화된 점이 특징이다. 그의 학문 태도는 단순히 추상적인 이론적인 문제에만 관심을 두지 않고 당면한 사회정치적인 현실을 투시하는 통찰을 통해서 시대의 '대 문제(big question)'를 명확히 들어내 제시함으로써 논쟁을 주도했다. 그는 학문 활동을 실제문제에 적용하는 정책 제안의 기회를 피하려 하지 않았다.[2] 그는 미국 정치지도자들에게 적극적으로 자문을 하거나 정부에 직접 참여하는 기회를 가졌으며 직접적인 자문이나 간접적인 저술 활동 등을 통하여 외국의 정치지도자들에게 정치발전과 정치개혁의 전략을 제안했

1 Harvard Gazette(February 5, 2009). 헌팅톤의 생애와 활동에 관한 전기적 연구는 많지 않다. 헌팅톤 자신도 자전적 글이나 회고록을 남기지 않았고 그에 관한 평전도 아직 출간되지 않고 있다.

2 Robert D. Putnam, "Samuel P. Huntington: An Appreciation," *PS*(Fall 1986), pp. 837-45.

다. 그의 평생 학문적 추구는 개혁적 정치학의 실천이었다.

헌팅톤은 완고한 학문 태도와 지적 정직성을 견지하면서 비판자들과의 논쟁을 벌였지만 균형감각을 갖춘 종합적 사고와 폭 넓은 시각, 그리고 학제적인 통찰력을 보여주었다. 그는 정치이론, 비교정치, 국제관계, 국가안보, 그리고 미국정치 등 정치학의 모든 분야에서 근본적인 이론적 과제를 제시하는 저서를 내어 폭넓은 학문세계를 구축했다. 뿐만 아니라 그는 다양한 이론적 입장과 방법론을 포용하는 열린 태도로 모든 학파와 학자들로부터 존경을 받았다. 그를 피상적으로 이해하는 일부 사람들이 그를 '수구적'이라고 비판하기도 하고 또는 그를 '보수파의 영웅'으로 보기도 하지만 그는 다만 '건설적인 개혁의 정치학'으로 응답하려 했다.

그는 민주당원으로서의 정치적 입장을 견지하면서 자유주의적 가치관과 보수적 태도를 조화시키려고 노력했다. 특히 그는 미국의 정치체제를 과격한 권위주의 이데올로기의 공격으로부터 수호하는 국가안보의 중요성을 강조하고 미국적 가치관을 대외적으로 구현하는 보수적 외교정책과 점진적인 정치개혁을 지지했다.

2. 활동 배경과 삶

이러한 헌팅톤의 학문적 정치적 태도는 그의 신중하고도 원만한 인품에서 비롯되었다고 볼 수 있지만 한편 평탄한 학문 활동과 안정된 삶을 가능하게 했던 생활환경과 시대적 상황도 그 중요한 배경이 됐다.

헌팅톤은 1927년 뉴욕(New York)시에서 출생했다. 그의 아버지는 출판업을 하는 문화사업가 어머니는 작가로 모두 17세기 영국에서 뉴잉글랜드 지역으로 이민 온 미국 국가건설의 주류 WASP(백인 앵글로색슨 청교도) 후예이며 비교적 유복한 집안이었다. 그는 명문 학교 교육과정을 거쳐 아주 젊은 나이에 대학교수직을 갖게 되고 순탄한 학문의 길을 걸었다. 고등학교를 조기 졸업하고 예일대학(Yale University)에 입학한 그는 1946년에 18세에 학부과정을 마쳤다. 군 복무를 마친 후 시카고대학(University of Chicago)에 입학 석사과정을 밟고 하버드대학(Harvard University) 정치학과(Department of Government) 박사과정으로 옮겼다, 헌팅톤은 1951년 논문을 완성하여 박사학위를 받았는데 학위를 받기 전 1950년부터 하버드대학 정치학과 전임강사로 임용되어 강의를 시작했다. 23세의 젊은 나이에 모교 교수가 된 그는 잠시 뉴욕의 컬럼비아대학(Columbia University)에 가 있던 기간을 빼고 신병으로 은퇴한 2007년 까지 평생 하버드대학 캠퍼스를 지킨 하버드인이었다.

헌팅톤은 1956년 민주당 대통령 후보 스티븐슨(Adlai Stevenson) 선거캠프의 연설문 담당 팀에 참여했을 때 만난 낸시(Nancy)와 결혼하여 평생의 반려로 살면서 슬하에 두 아들을 두었다. 그는 대학 캠퍼스를 지키며 연구와 교육에 몰두한 모범적인 학자이자 교육자의 삶을 살았다. 동시에 그는 공공지식인으로서 사회정치적 활동과 정부의 정책에도 적극적으로 참여한 행동인 이었다. 그는 대학 내에서 두 번 정치학과 학과장을 맡았고 오랫동안 국제문제연구소(Center for International Affairs)와 전략연구소(John M. Olin Institute of Strategic Studies) 소장을 역임하면서 국제관계 및 국가안보 정책과 전략 문제 연구에서 지도적인 역할을 했다.

헌팅톤은 정부의 국무부 국방부 중앙정보국 등 국가안보 및 외교정책 유관 기관에 자문하거나 직접 참여하여 공직을 맡기도 했다. 헌팅톤은 1966-69년간 국무부의 동아시아지역 발전 자문 그룹(Southeast Asian Development Advisory Group)의 베트남위원회를 주재하면서 베트남전쟁에 대한 미국의 적극적 개입을 주장했다. 그는 당시 민주당 행정부 부통령으로 대통령 후보 출마를 준비하던 험프리(Hubert Humphrey) 자문 그룹에 참여하기도 했다. 당시 그가 작성했던 베트남 정치발전과 미국의 베트남정책에 관한 보고서의 요지는 『대외문제(Foreign Affairs)』 지에 발표한 그의 논문에[3] 공개됐는데 많은 논란을 불러일으켰다.

헌팅톤은 기본적으로 월맹과 베트콩(베트남민족해방전선)의 무력도발과 내란활동을 제압해야한다는 기본 목표는 인정했지만 군사적 평정정책은 반대했다. 농촌지역에 대한 베트콩의 지배를 완전히 제거하는 것은 당분간 절망적이라는 판단아래 현실적인 기반 위에서 베트콩을 포함한 다양한 사회세력(종교적, 지방적 조직들)을 포용하는

3 Samuel P. Huntington, "The Bases of Accommodation," *Foreign Affairs*, Vol. 46, no. 4(July 1968).

'화해(accommodation)'를 모색하는 정치적 해법을 강구할 것을 제안했다. 그러나 그는 장기적으로 마오쩌둥주의자들이 추구하는 '농촌혁명(rural revolution)'을 막으려면 미국이 지원하는 '도시혁명(urban revolution)'의 방법으로 대처해야한다고 보았다. 그는 베트남전쟁을 '인구통제'의 전쟁으로 보고 농촌지역의 인구를 도시지역으로 이동시키는 정치적 재통합의 전략을 제안했다. 그런데 그가 대대적인 농촌 인구의 도시로의 이동을 위한 방법으로 언급한 '강압적인 징발(forced draft)'이 베트콩 근거지인 농촌 밀림지역의 인구를 이산시키기 위해서 융단포격이나 고엽제 공격 작전의 필요성을 시사한 것으로 오해를 사기도 했다. 그의 보수적 반공적 입장은 1960년대 말의 일반적인 반전(反戰)운동 세력으로부터 비난의 대상이 되었다. 그의 연구실이 위치한 국제문제연구소 건물이 시위대의 화염병 공격을 받기도하고 그의 사저 현관에 '전범의 집'이라는 낙서를 하는 등 과격파로부터의 위협을 당했으나 그의 소신을 굽히지 않았다.[4]

헌팅톤은 1977-78년간 카터(Jimmy Carter)정부의 백악관 국가안보회의(NSC) 국가안보기획관(Staff of National Security Planning)으로 참여하여 친구이며 동료 교수였던 대통령 국가안보보좌관 브레진스키(Zbigniew Brzezinski)와 같이 일했다. 브레진스키는 회고록에서 당시 헌팅톤이 미국과 소련 간의 전략적 힘의 균형을 평가하는 업무를 담당했는데 단순한 군사력 비교를 넘어 정치경제적, 이데올로기적 요인들을 고

4 Robert Putnam, 앞의 글, p. 843.

려하는 작업이었다고 적고 있다.[5]

헌팅톤은 대학 내 보직이나 정부 정책 참여 이외에도 활발한 사회활동을 했다. 1970년 정책연구지 격월간 『대외정책(Foreign Policy)』을 공동 창간하여 편집인으로 활동했고, 『계간 민주주의(Journal of Democracy)』의 편집인으로 그리고 주요 기고자로 활동했다. 두 학술지는 똑같이 학술적 분석과 비판을 정책적 제안과 응용으로 연결시키려는 편집 방향을 특징으로 했다. 두 학술지는 헌팅톤을 추모하는 행사로 그의 후학과 제자들이 참가하는 토론회를 개최하여 그의 업적과 공로를 기리기도 했다.[6]

헌팅톤은 1986-87년간 미국정치학회 회장을 역임했다. 1987년 시카고에서 열린 83차 전국정치학회 연례총회에서 행한 그의 '회장연설'은 정치학의 사명과 과제를 제시한 명연설이었다. 그는 정치학의 발전과 민주주의 발전 간의 긴밀한 관계를 언급하면서 민주주의의 등장은 정치학의 발전을 고무하고 정치학의 발전은 민주주의의 등장과 안정화에 기여한다고 말했다. "민주주의가 강한 데서는 정치학도 강하고 민주주의가 약하면 정치학도 약하다"는 것이다. 그는 또 정치학은 '도덕적인 학문(moral discipline)'이어야한다고 했다. 다시 말해서 정치학은 단순한 지적 관심에서 더 나아가 '정치적 선(political good)'을 실천하기 위한 목적과 사명을 가져야한다는 것이다. 정치학

---

5 Zbigniew Brzezinski, *Power and Principle: Memoirs of the National Security Adviser, 1977-1981*(New York: Farrar, Straus, Giroux, 1983), p. 177.

6 *Foreign Policy*, no. 171(March/April 2009), pp. 82-83; *Journal of Democracy*, Vol. 20., no. 3(July, 2009), pp. 186-90.

이 정치적 선을 실천하는 방법은 바로 정치개혁, 즉 평화적으로(점진적이며 타협적인 방식으로) 자유, 정의, 평등, 민주화, 그리고 책임정치를 증진시키는 것이라고 한다. 그는 정치개혁이란 단순히 '정치적 악'을 제거하고 폐지하는 것만이 아니라 더 나아가 더 좋은 대안을 마련하는 것이어야 한다고 했다.

헌팅톤은 민주화를 위한 정치학의 건설적인 역할을 강조하면서 비민주적인 정권을 종식시키는 것 보다 안정적인 민주주의 제도를 발전시키는 일이 더욱 어렵다는 점을 강조했다. 따라서 그는 온건파가 주도하는 점진적인 정치개혁이 가장 건전한 정치학의 희망 메시지라고 결론지었다.[7]

3. 학문적 업적

헌팅톤은 공저를 포함하여 19권의 학술 저서와 100여 편 이상의 학술 논문을 발표하는 등 많은 업적을 남겼다. 그는 정치학의 거의 모든 분야에서, 특히 민군관계 및 국가안보론, 비교정치 및 정치발전론, 국제관계론, 그리고 미국정치론의 근본적인 이론적 문제를 제기하고 학술적 논쟁의 핵심적 주제들을 명쾌하게 개념화함으로써 정치학 발전의 기초를 닦는 뛰어난 업적을 이루었다. 그의 저서들은

7 Samuel P. Huntington, "One Soul at a Time: Political Science and Political Reform," *American Political Science Review*, Vol. 82, no. 1(March 1988), pp. 3-10.

지금까지 오래 동안 정치학 연구의 이론적 개념적 지침을 제공하고 있다는 점에서 이미 정치학의 고전으로 인정받고 있다.

민군관계론

헌팅톤이 아직 20대의 젊은 교수 시절에 쓴 저서 『군인과 국가: 문민관계의 이론과 정치』[8]는 그의 첫 야심작으로 이 분야의 고전이 되었다. 그가 초기 군과 정치의 관계 그리고 국가안보 문제에 학문적 관심을 갖게 된 배경은 당시의 시대적 상황과 밀접한 관련이 있었다. 2차 세계대전 종전 후 미국이 세계적인 강대국으로 등장하는 상황과 미국과 소련이 경쟁하는 국제적 냉전체제의 전개, 특히 한국전쟁 이후 공산주의 위협의 증대는 국가안보 문제의 중요성에 관한 정책적 관심을 높였고 당연히 정치학적 관심을 끌게 됐다. 당시 미국 사회에서 매카시즘(McCarthysm)으로 표현되었던 반공주의 광풍, 국가안보 문제를 둘러싼 정치적 분열상, 그리고 한국전쟁 과정에서 트루만(Harry Truman) 대통령과 맥아더(Douglas MacArthur) 장군 간의 정책 갈등 등으로 제기된 군에 대한 문민통제의 문제는 정치학자 헌팅톤의 학문적 관심을 자극했다. 이와 더불어 신진 학자로서 자신의 특수한 연구 분야를 개척하여 업적을 쌓음으로써 학계 또는 학과 조직 내에서 위상을 확립하고자하는 개인적 야심도 그 배경으로 작용했다. 헌

8 Samuel P. Huntington, *The Soldier and the State: The Theory and Politics of Civil-Military Relations*(Cambridge: Harvard University Press, 1957). 허남성 · 김국헌 · 이춘근 역, 『군인과 국가; 문민관계의 이론과 정치』(한국해양연구소, 2011).

팅톤은 당시 아직 정년보장을 받지 못한 조교수로 학과 내에서 미국 정치론을 전공하는 키(V. O. Key)교수와 충돌을 피하려했다.[9]

이 책에서 헌팅톤은 민군관계에 관한 일반이론을 시도하면서 미국역사상 민군관계의 발전과정을 분석하고 군의 '직업주의(professionalism)'를 통한 문민통제(civilian control)가 자유민주주의 정치체제 하에서 국가안보를 달성할 수 있는 해결책이라는 결론을 내렸다. 군에대한 문민통제 방식에는 '주관적 통제(subjective control)'와 '객관적 통제(objective control)'가 있다. 전자는 문민 정치집단에 의해 군이 포섭될 수 있기 때문에 군 직업주의를 약화시킬 수 있자만 후자는 군의 정치적 중립성 보장을 통하여 군과 정치를 격리시킴으로써 군 직업주의를 조장한다는 것이다. 군 직업주의란 군의 자율적인 전문가 윤리에 기초하여 직업적 능력을 제고하는 것을 의미한다. 그는 객관적 문민통제를 통해서 군 직업주의를 발전시키는 것이 군사능력을 제고하는 바른 길이라고 보았다. 따라서 군의 역할은 문민 정치리더십이 결정하는 국가 목표를 수행하는 것이며 군은 '국가의 도구(tool of the state)'이어야한다는 것이다.

그런데 군 직업주의를 강조하기위해서 주관적 문민통제와 객관적 문민통제를 구분한 그의 이론적 관점, 특히 그가 프러시아의 군 직업주의를 역사적인 모범 사례로 언급한 점이 권위주의적 군국주의를 인정하는 것으로 오해를 불러일으키게 되고 그것이 그의 교수 정

9 Robert Putnam, 앞의 글, p.839.

년보장 재임용을 거부하는 빌미가 되기도 했다. 그는 그 때문에 하버드대학 정치학과를 떠날 수밖에 없었다. 그러나 4년 후 하버드대학 정치학과 교수들은 미국의 자유주의 가치관과 자유민주주의 체제를 지키는 국가안보를 위해서 군 직업주의를 강화해야한다는 그의 진의를 이해하게 되고 결국 헌팅톤은 하버드대학으로 복귀할 수 있었다.[10]

헌팅톤은 컬럼비아대학에 가 있던 기간에도 전쟁과 평화 연구소(Institute of War and Peace Studies) 부소장을 맡아 국가안보 문제 연구를 계속했다. 이 때 그처럼 뒤이어 하버드대학을 떠나 컬럼비아대학으로 부임해온 친구 브레진스키와 공동으로 미국 소련 정치 비교연구 프로젝트를 시작했는데 이것이 그의 연구 관심을 비교정치 분야로 확대하는 계기가 됐다.[11]

정치발전론

하버드대학 정치학과는 헌팅톤과 브레진스키를 다시 교수로 복귀하도록 초청했다. 헌팅톤은 그에 응해서 1963년 다시 하버드대학으로 돌아왔지만 브레진스키는 그대로 컬럼비아대학에 머물렀다. 헌팅톤은 보다 학구적인 분위기의 캠브리지를 브레진스키는 사회정치적 활동에 더욱 유리한 뉴욕을 각각 선호했던 두 사람의 차이를 엿

10 위의 글, p. 840.

11 Zbigniew Brzezinski and Samuel P. Huntington, *Political Power: USA/USSR*(New York : Viking Press, 1964).

볼 수 있는 대목이다.

하버드대학으로 복귀한 후 헌팅톤은 정치발전 문제에 관심을 집중했다. 그는 1964년 인근 마사추세츠공대(MIT)의 와이너(Myron Weiner) 교수와 같이 정치발전에 관한 교수 세미나를 조직하여 활동했는데 이 때 이후 20여 년간 지속된 정치발전 연구의 기반을 마련했다. 헌팅톤은 1965년 『세계정치(World Politics)』 지에 「정치발전과 정치퇴락」이란 논문을 발표하여 당시 일반적인 근대화론의 낙관적 시각을 비판함으로써 정치발전 연구의 새로운 전기를 열었다.[12] 이 논문을 더욱 발전시킨 연구가 1968년 출간된 그의 명저 『변동 사회의 정치 질서』다.[13] 이 책은 정치발전에 있어서 정치적 권위와 제도화의 중요성을 강조한 역작으로 오랫동안 정치발전 연구의 지침이 돼왔다.

헌팅톤은 이 책의 집필 배경에 관해 언급하면서 2차 세계대전 후 미국의 제 3세계 국가들에 대한 외교정책이 그 국가들의 경제발전 문제에만 관심을 두었기 때문에 그 국가들의 정치상황을 바르게 인식하지 못한 실패를 지적했다. 다시 말해서 제 3세계 국가들에서 이루어지고 있는 사회경제적 변화(산업화, 도시화, 교육의 증진과 문맹 인구의 감소, 매스미디어의 확대 등)가 정치발전으로 직결되리라는 낙관적 전망과는 달리 정치참여의 확대에 따라 정치적 권위의 약화, 전통적 정치제도의 붕괴를 초래하는 '정치 퇴락(political decay)'(폭력적 갈등, 내란)과 정치

12 Samuel P. Huntington, "Political Development and Political Decay," *World Politics*, Vol. 17, no. 3 (April 1965), pp. 386-430.

13 Samuel P. Huntington, *Political Order in Changing Society*(New Haven: Yale University Press, 1968). 민준기 역, 『정치발전론』(을유문화사, 1995).

불안으로 이어진다는 점에 주목하지 못했다는 것이다. 따라서 그는 정치참여 확대와 균형을 맞추는 제도화의 문제를 제기하면서 자유와 민주정치의 기본적 전제로서 '정치적 권위(political authority)'의 확립이 중요함을 강조했다. 즉 "자유 없는 질서는 있을 수 있다. 그러나 질서 없는 자유는 있을 수 없다. 권위는 제한되기 전에 존재해야 한다"는 것이다.[14]

정치발전론에 대한 헌팅톤의 관심은 그 후 출간된 『현대사회에서의 권위주의 정치: 1당 체제의 동태성』과[15] 『쉽지 않은 선택: 발전도상 국가에서의 정치참여』에로[16]연결되었다. 1960년대와 1970년대 초의 상황에서 그가 갖고 있던 정치질서와 정치안정에 관한 관심은 1970년대 후반 이후 20세기 말까지 전 세계적인 정치발전의 흐름, 즉 권위주의 정권의 퇴장과 '민주화(democratization)'에 관한 관심으로 계속됐다. 그는 1984년에 발표한 논문에서 1970년대 후반부터 일기 시작한 전 세계적인 민주화의 큰 흐름에 착안했다.[17] 1991년에 출간된 『제 3의 물결: 20세기 후반의 민주화』는[18] 1974년부터 1990년까지 포르투갈(Portugal)의 정권변동에서 시작하여 전 세계 30여 개 국가

---

14 위의 책, pp. 7-8.

15 Samuel P. Huntington and Clement Henry Moore, *Authoritarian Politics in Modern Society*(New York: Basic Books, 1970).

16 Samuel P. Huntington and Joan Nelson, *No Easy Choice: Political Participation in Developing Countries*(Cambridge: Harvard University Press, 1976).

17 Samuel p. Huntington, "Will More Countries Become Democratic?," *The Political Science Quarterly*, no.99(Summer 1984), pp.191-218.

18 Samuel P. Huntington, *The Third Wave: Democratization in the Late Twentieth Century*(Norman: University of Oklahoma Press, 1991). 강문구·이재영 역, 『제3의 물결: 20세기 후반의 민주화』(인간사랑, 2011).

에서 진행된 민주화 정치발전 과정을 분석하였다. 그는 20세기 후반의 그러한 민주화 흐름을 세계사적 관점에서 세 번째로 경험하는 민주화의 물결이라고 규정했다.

이 책에서 헌팅톤은 민주주의가 정치적 선이라는 신념을 더욱 분명히 하면서 '초연한(detached)' 사회과학자의 역할을 다소 이탈하여 민주화 과정 참여 당사자들에게 실천적인 지침을 제공하고자 하는 '정치적 조언자(political consultant)'의 역할을 자임하기도 한다. 그는 그러한 자신의 입장을 '민주적 마키아벨리(democratic Machiavelli)'라고 불러도 좋다고 했다.[19] 헌팅톤은 민주화 정치과정에 개입되는 정치집단들의 민주화에 대한 태도에 따라 권위주의 정권 내의 개혁가와 현상유지 보수파, 그리고 반대파 내의 급진적 과격파와 민주적 온건파를 구분했다. 이러한 집단들 간의 세력관계와 민주화 추진 주도세력의 위상에 따라 세 가지 형태의 민주화 모형을 구분하고 지침을 제시했다. 즉 정권 내 개혁가가 주도하는 '변경(transformation)' 방식에서는 권위주의 체제의 개혁이, 과격한 반대파가 주도하는 '교체(replacement)' 방식에서는 권위주의 정권의 전복이, 그리고 정권 내의 개혁가와 반대파 내의 민주적 온건파 간의 협상을 통해서 추진되는 '변혁(transplacement)' 방식에서는 정권변동을 위한 타협이 지침이 된다. 질서 있는 정권변동을 강조하는 그의 입장은 실제로 브라질이나 남아프리카 정치지도자들에 대한 직접적인 자문과 조언으로 적용되

19 위의 책, p. xv.

었다.

문명충돌론

소련의 해체와 동 유럽 공산당 정권의 붕괴에 따른 냉정체제의 종식은 국제관계와 세계 질서의 새로운 전환을 가져왔다. 이러한 세계사적 변화의 의미와 냉전 종식 후 정세 전망에 관한 분석이 정책 수립자들이나 학자들의 중요한 과제로 대두되고 열띤 논쟁이 전개됐다. 일반적인 정세관은 체제경쟁에서의 자유민주주의의 승리를 확인하면서 '민주적 평화(democratic peace)'를 낙관하는 주장이 주류를 이루고 있었다. 그 대표적인 예가 헌팅톤의 제자인 후쿠야마(Francis Fukuyama)의 '역사종언(the end of history)'론이었다. 후쿠야마는 냉전의 종식은 자유민주주의의 승리를 의미하며 이로써 이데올로기적 대결의 역사는 끝났다고 선언했던 것이다.[20]

그러나 헌팅톤은 1993년 『대외문제(Foreign Affairs)』지에 「문명의 충돌?」이란 논문을[21] 발표하여 이데올로기의 시대는 끝났지만 문화적 갈등 또는 문명충돌의 새로운 역사가 전개된다는 주장을 제기하여 탈 냉전시대 국제관계에 관한 대 논쟁을 촉발시켰다. 헌팅톤은 동 논문을 기초로 해서 완성한 저서 『문명충돌론』을 1996년에 출

20 Francis Fukuyama, *The End of History and the Last Man*(New York: The Free Press, 1992); 이상훈 역, 『역사의 종말』(한마음사, 1992).

21 Samuel P. Huntington, "The Clash of Civilizations?," *Foreign Affairs*, Vol. 72, no. 3(Summer 1993), pp. 22-49.

간했다.[22] 그는 이 책의 취지를 설명하면서 냉전 종식 후 세계정치의 진행과정을 해석하는 학자들에게 '의미 있는', 그리고 정책 수립자들에게는 '유용한' 틀이나 시각을 제시하고 싶은 의욕을 언급하고 있다. 즉 새로운 이론을 제시하는 사회과학적 연구를 의도하는 것은 아니라는 것이다. 그는 이러한 시도를 한마디로 '문화적 접근법(cultural approach)'라고 말하고 있다.

헌팅톤은 냉전 종식 후의 세계질서는 문화적 정체성을 특징으로 하는 문명들 간의 충돌로 규정될 것이라고 보고 비서구적인 문명이 세계사를 움직이는 더 중요한 행위자가 될 것이라고 전망했다. 그는 세계의 주요 문명으로 서구 문명 외에 라틴아메리카, 이슬람, 중국(유교), 일본, 아프리카 문명을 들면서 장차 세계정치의 주요 갈등이 서구 대 비서구 축으로 해서, 특히 기독교 문명 대 무슬림 문명 간의 충돌이 두드러지는 양상으로 전개될 것이라고 보았다. 그는 서구 문명의 보편성에 대한 신념이 위기를 맞은 상황에서 미래를 위한 문명들 간의 공존을 모색할 필요성을 강조했다.

헌팅톤의 문명충돌론은 활발한 논쟁을 불러일으켰다. 그에 대한 비판론은 그의 문명 개념이 지나치게 단순화돼 있고 작위적이라는 점, 그리고 그의 분석이 특정 문명 내부의 동태성과 다양성이나 문명들 간의 상호의존성과 상호작용을 간과하고 있다는 점 등을 지적한다. 어떤 사람은 그의 논지가 내전 종식 후 초강대국으로서의 미

22 Samuel P. Huntington, *The Clash of Civilizations and the Remaking of World Order*(New York: Simon & Schuster, 1996). 이희재 역,『문명충돌론』(김영사, 2016).

국의 독단적 지위를 정당화하려는 시도라고 비판하고 심지어 그의 주장이 아랍인과 무슬림을 적대시하는 인종주의적 편견을 지니고 있다고 비난한다. 헌팅톤의 이 책은 격렬한 비판을 받기도 했지만 세계 각국 언어로(40여개) 번역되어 출간되는 등 많은 독자를 얻었다. 2001년 9. 11 사태 후 국제적 테러와의 전쟁 확대를 보고 많은 사람들은 그의 선견지명을 인정했다.

미국정치론

정치학자로서 그리고 미국 시민으로서 헌팅톤이 지속적으로 관심을 가지고 있었던 문제의 하나는 미국의 정치였다. 그는 그의 학문적 삶을 마무리하는 마지막 저서 『우리는 누구인가?: 미국의 국가적 정체성에 대한 도전들』을 2004년에 출간했다.[23] 헌팅톤은 앞서 1981년에 『미국정치: 불일치의 기약』을[24] 발표한 적이 있다. 그는 이 책에서 미국적 민주주의의 이상과 미국 정치제도 현실 간에 일어나는 갈등과 괴리 현상을 역사적으로 검토했다. 여기서 그는 기존의 미국 정치에 대한 이론적 시각들이 물질적(경제적) 갈등과 사회적 갈등에만 초점을 맞추는 계급론적 분석이나 다원론적 패러다임에 머물러 있음을 지적하면서 정치적 가치관과 현실 정치제도 간의 괴리에 착안할 것을 주장했다. 그는 정치적 이상으로서의 '미국적 신조(American

23 Samuel P. Huntington, *Who Are We?: The Challenges to America's National Identity*(New York: Simon & Schuster, 2004). 현선호 역, 『미국』(김영사, 2004).

24 Samuel P. Huntington, The Promise of Disharmony(Cambridge: Belknap Press, 1981).

creed)', 즉 자유, 평등, 개인주의, 민주주의와 같은 이념과 현실적인 정치제도 간의 괴리와 간격이 미국정치에서 '지속돼온 중심적 현상'이라고 보고 있다. 미국정치사에서는 그러한 괴리와 간격을 극복하기위해 시도되는 이른바 '신념적 열정(creedal passion)' 현상이 주기적으로 격렬한 '도덕적 개혁의 정치'로 나타났는데 1960년대 1970년대가 그에 해당된다고 했다. 그의 기본적 관심은 미국적 가치관에 관한 '문화적 합의(cultural consensus)'에 기초하는 미국 정치제도의 안정이다.

이러한 그의 보수적 정치관은 그의 생애 마지막 저서에도 반영됐다. 헌팅톤은 이 책에서 자신의 학문 인생의 성공을 가능케 해준 부인의 내조와 반세기에 걸친 행복했던 결혼 생활에 대한 '가장 깊은 감사와 찬사'를 다소 감상적인 표현으로 적고 있다. 또한 그는 정치학자로서의 삶을 회고하면서 때로는 애국심과 학문적 동기가 갈등할 때도 있었지만 되도록 어는 한쪽에 억매이지 않으려고 노력해왔다고 말하면서 특히 그의 마지막 저서는 한 사람의 애국자로서 그리고 한 사람의 정치학자로서 그의 정체성을 반영하고 있다고 고백한다.

헌팅톤은 미국사회가 당면하고 있는 위협과 미국 국가가 겪고 있는 정체성의 위기에 잘 대처하기 위해서는 미국적 가치관의 근거, 즉 모든 인종과 종교를 포용하면서 이룬 자유와 번영과 단결, 그리고 나아가 세계를 이끌어가는 도덕적 리더십을 달성한 원천이 돼온 앵글로-프로테스탄트 문화(Anglo-protestant culture)의 전통으로 돌아가야 한다고 말한다. 여기서 그가 강조하는 것은 '사람'이아니라 '문화'라는 점이다.[25] 헌팅톤은 이 책의 결론으로 21세기 미국의 국가적 정체성이 전 세계의 장래와 연관될 것이라고 보아 미국인들 앞에 세 가지의 선택지가 놓여있다고 보았다. 즉 '미국이 세계가 되는' 세계 동포주의(cosmopolitan)의 길, '세계가 미국이 되는' 제국주의(imperial)의 길, 그리고 '미국이 미국으로 남는' 민족주의(national)의 길이 그것이다.

4. 교육자로서의 역할

헌팅톤은 건강이 나빠져 교수직에서 퇴임한 후 별장이 있는 마타스 바인야드(Martha's Vineyard)에서 요양하다가 2008년 겨울 81세를 일기로 타계했다. 유족으로 부인과 두 아들 네 명의 손자가 있다. 정치학자로서의 헌팅톤의 삶이 높은 평가를 받는 것은 그의 탁월한 학자적 능력과 학문적 업적 뿐만이 아니라 그의 성실한 삶의 자세와 고매한 인격 때문이다. 그는 입장을 달리하는 다양한 학파나 사람들로 부터도 존경을 받을 만큼 반듯한 삶을 살았다. 터프츠대학(Tufts University) 교수 드레즈너(Daniel W. Drezner)는 만약 정치학 분야의 노벨상 제도가 있었다면 그가 최초의 수상자가 됐을 것이라고 말한 적이 있다.

---

25 위의 책, p. xvii.

동료 교수들이나 제자들의 그에 대한 평가는 점잖고 진지한 학자이면서 친절한 교육자라는 것이다. 그는 특히 학부 교육의 중요성을 강조하고 학부 강의를 즐겨 맡았다. 종종 대학원생들과 방문학자들을 집으로 초대하는 등 포용의 인간미를 지닌 신사였다. 정치학과 학과장을 맡았을 때 특히 베트남전쟁 문제를 둘러싸고 반전 논쟁이 격렬한 가운데 중심을 잡고 젊은 교수들의 참여를 고취하기도 하고 하버드 정치학의 전통적 학풍과 거리가 있는 계량적 경향에 대해서도 관용하는 진취적 태도를 보였다. 그는『대외정책〉』를 새로 창간하여 편집 책임을 맡았을 때도 젊은 신진 필자들에게 기회를 주려는 개방적 입장을 취했다. 대학 내 국제문제연구소나 전략연구소의 소장 직을 맡았을 때도 새로운 젊은 전문가를 키우는데 적극적이었고 권위주의정권의 탄압을 피해 온 외국의 정치적 망명자들에게 피난처를 제공하는 등 정치적 선이라고 생각는 문제에 관해서는 분명한 소신을 가지고 있었다. 한국의 야당정치인 김대중과 필리핀의 야당 정치인 아키노(Benigno Aquino)는 미국 망명 중 그의 우호적 대접을 받았다.

헌팅톤의 학자적 삶은 세 가지의 긴장관계로 특징화된다. 즉 미국적 근원과 보다 더 넓은 비교적 시각간의 생산적인 긴장, 자유주의 가치관과 보수주의자적 본능 간의 고통스러운 긴장, 그리고 사회과학적 이론의 요구와 정책 작성을 위한 응용 간의 창조적 긴장이 그것이다. 이러한 긴장관계가 그의 뛰어난 학문적 업적을 만들어 낸 배경이었다. 물론 그의 성실한 삶이 그러한 성취의 원천이었음은 두

말할 필요가 없다. 그는 새로운 이론이나 사상을 만들어내는 천재였다 기 보다는 고정관념을 깨뜨리는 새로운 발상을 통해서 당대 사회정치 문제를 이해하고 해답을 찾는데 있어서 '유의미한' 그리고 '유용한' 관점을 제시하는 선각자의 역할을 한 큰 스승이었다.

정치학자 열전

학문과 참정의 삶

헨리 키신저

Henry Alfred Kissinger

세계정치 국제관계 외교안보 전략가

헨리 키신저
Henry Alfred Kissinger

세계정치 국제관계 외교안보 전략가

1. 정치학자 외교관

헨리 키신저(Henry Alfred Kissinger, 1923-)는 미국의 정치학자로서 그리고 미국 외교정책을 주도하는 정부 최고위 관리로서 20세기 후반 국제정치학계와 세계 정치외교계에서 큰 역할을 한 중요한 인물이다. 그는 하버드대학 정치학 교수로 15년 간, 미국 대통령 국가안보보좌관과 국무부 장관 등 정부 최고위 정책결정자로 8년 간 활동했다. 정치외교의 이론과 실무 두 방면에서 그가 겪은 경력은 다른 사람들이 따르기 어려운 '달인'의 경지였다고 말할 수 있다.그는 철학과 전략을 겸비했던 '철학자 외교가'였다. 그 스스로도 그의 생애를 회고하면서 학자로서 그리고 정부의 최고위 공직자로서 두 가지를 다 경험하면서 사고하며 일을 할 수 있었던 것은 큰 행운이었다고 고백한 바 있다.

키신저의 삶에 관한 이야기는 지금도 살아있는 전설이다. 그는 독일에서 태어나 소년 시절 나치 독재정권의 탄압을 피해 부모를 따라 미국으로 이민한 유태인으로 차별을 극복하고 최고의 명문대학 교수가 되었고 세계 최강대국 미국의 사실상 권력 서열 제 2인자라고 말할 수 있는 국무부 장관 자리에 올랐다. 그가 참여했던 닉슨(Richard Nixon) 대통령 정부와 포드(Gerald Ford)대통령 정부 시기는 국제적으로 갈등과 대립의 냉전 시대를 넘어서 화해와 협력의 새로운 시대를 열어가는 세계사적인 전환기였다. 그 시기는 어느 때보다도 국제사회에서 미국의 리더십이 절실히 요구되었던 때였고 따라서 미국 외교정책의 최고 책임자로서의 그의 역할은 어느 때보다도 많은 주목을 받았다.

키신저는 1960년대 1970년대 비상한 시기에 미국 국가를 대표하여 세계 각국 지도자들과 대화하고 협상하며 문제를 푸는 세계 정치 외교 무대의 주역이었다. 그는 냉전체제에서 미국의 맞수였던 소련과 긴장완화(détente), 중국과의 관계 정상화(normalization)를 추진하여 세계정치 구조를 삼각 또는 다각 관계 구조로 재편하는 과정을 주도하는 탁월한 외교 솜씨를 발휘했다. 그는 오래 끌던 베트남 전쟁 종전협상을 타결한 공로로 노벨평화상을 수상하기도 했다. 그는 그 밖에도 중동, 중남미, 서남아시아에서 벌어진 전쟁과 분쟁 사태에 관여하여 세계 평화와 안보 문제를 푸는 해결사의 역할을 했다. 그는 정부의 공직에서 사퇴한 후에도 왕성한 저술 활동으로 학계에 기여했고, 공식적 비공식적으로 역대 미국 대통령들을 비롯한 정치지도자들과 세계 각국의 지도자들의 자문에 응하기도 하고 정부나 기업 사회단체 국제기구 등에서 고문이나 명예회원으로 활동했다.

키신저가 정부에 참여하면서 이룬 그의 업적과 공로에 관해서는 존경과 비난 그리고 칭찬과 험담을 다 같이 받는 양면적 평가가 내려지고 있다.[1] 그를 찬양하는 사람들은 그가 국제정치의 구조적인 변혁을 이끌었고 미국 외교정책의 패러다임을 바꾼 영웅으로 보지만 따른 한편으로 그를 험담하는 사람들은 그의 현실주의 세력균형 외교가 인권을 존중하는 미국적 자유민주주의 가치와 이상을 훼손했다고 비판한다. 심지어 그를 극단적으로 비난하는 일부 사람들은 그가 국제법을 파괴하고 수백만의 제3세계 국가 사람들에게 고통을 안겨준 '전범'이라고 주장한다.[2]

키신저가 정부 내에서 얼마나 영향력을 행사하며 정책을 주도하는 역할을 했느냐 하는 문제 즉 그의 업무 수행 능력과 조직 내의 인간관계에 관해서는 평가가 엇갈리고 있다. 이 문제는 정치지도자와 정책참모와의 관계 그리고 관료조직 및 정책 과정의 운용 방식과도 관련되는 것이다. 키신저와 닉슨 대통령 간의 권력 관계에 관해서

1 Jussi Hanhimäk, *The Flawed Architect: Henry Kissinger and American Foreign Policy*(New York: Oxford University Press, 2004).

2 Christopher Hitchens, *The Trial of Henry Kissinger*(New York: Verso, 2001).

는 두 상반된 견해가 있다. 하나는 그가 대통령의 절대적 신임을 받고 있었기 때문에 막강한 권한을 행사할 수 있었으며, 특히 워터게이트(Watergate) 사건으로 대통령의 리더십이 흔들렸던 과도기에는 더욱 재량권이 있었다고 보는 견해다. 심지어 키신저가 외교에 있어서는 '공동 대통령(co-president)'로 인식될 정도로 대통령과 대등한 권위를 가졌었다고 주장하기도 한다.[3] 그와 상반된 주장은 키신저가 보스 기질이 강한 닉슨 대통령의 지시에 따르며 수동적으로 지도자의 비위를 맞추기에 급급했던 '아첨꾼 보좌관(sychophantic adviser)'에 불과했다고 본다.[4] 키신저의 부하로 함께 백악관에서 일하다가 닉슨대통령 후기에 비서실장을 지내고 후에 조지 부시(George Bush) 대통령 정부에서 국무부 장관을 지냈던 헤이그(Alexznder M. Haig Jr.)는 회고록에서 당시 가까이에서 관찰한 키신저의 역할을 다소 낮게 평가했다. 이를테면 키신저 외교 활동의 가장 빛나는 장면이라고도 말할 수 있는 그의 중국 비밀 방문 외교도 그의 아이디어나 적극적 행동으로 이루진 것이 아니라 닉슨 대통령의 아이디어와 주도로 가능했던 것이고 키신저는 매우 소극적인 실무 심부름꾼에 불과했다는 것이다.[5]

대통령의 국정 철학과 정책 아이디어를 실행에 옮기는 것은 한 개인의 능력이나 개성 그리고 인간관계에 의해서 규정될 문제라기보

3 Robert Dallek, *Nixon and Kissinger: Parter in Power*(New York: Harper Collins, 2007).

4 Jeremy Suri, *Henry Kissinger and American Century*(Cambridge: Harvard University Press, 2007).

5 Alexander M. Haig Jr., *Inner Circle: How America Changed the World, a Memoir*(New York: Warner, 1992).

다는 권력과 지식, 정책과 이론을 연관시키는 복합적인 과정으로 이해되어야 할 것이다. 대통령과 참모 간의 권력 관계는 불평등할 수밖에 없는 것이다. 키신저의 외교적 성취는 결국 그를 신임하고 그에게 권한을 위임했던 대통령의 후원이 있었기에 가능했다. 그가 비록 남다른 지식과 지적 능력을 가지고 정책을 수행하는 탁월한 재주를 발휘했다 하더라도 그는 보조적 역할의 참모에 불과했다. 정치인인 대통령은 여러 가지 이유로 지식인 참모를 필요로 한다. 미국에서는 1960년대 이후 특히 케네디(John F. Kennedy)대통령 정부 때부터 많은 지식인들을 백악관의 참모로 기용하기 시작했다. 물론 대통령은 지식인 참모들이 전문적인 조언과 정책 아이디어를 제공해줄 것을 기대하지만 그들에게 특별한 행정적 책임이나 정책을 결정하는 역할을 맡기는 경우는 매우 드물다. 대통령이 지식인 참모를 두는 실제적 이유 가운데는 정치적 목적이 개입되어 있다. 대통령은 지식인을 주변에 둠으로써 비전과 신념이 있어 보이도록 이미지를 만들 수 있고, 또 잠재적 비판자인 지식인 사회와의 연결과 소통의 통로로 활용할 수 있다는 것이다. 대통령의 그러한 정치적 고려와 자신의 신념과 이상을 현실 정책에 응용해보려는 지식인 참모의 의욕이 조화되기가 쉽지 않다는 것은 두말할 나위가 없다.

"대통령이 사자라면 지식인 참모는 쥐다"라는 말은 대통령과 참모 간의 불평등한 권력관계를 극단적으로 표현한 것이다.[6] 그러한

6 Tevi Toy, *Intellectuals and American Presidency: Philosophers, Jesters, or Technicians?*(New York: Rowan & Littlefield, 2002), p. 201.

불평등한 권력관계 속에서는 지도자의 리더십에 부응하는 지식인 참모의 역할 정립이 정책 성공의 매우 중요한 요인이 된다. 지식인 참모는 대통령에게 지혜를 제공하는 '철학자'가 되고, 대통령의 신임을 얻어내는 '아첨꾼'이 되며, 또한 업무 수행 능력을 갖춘 '기능인'도 돼야한다. 키신저는 그러한 역할의 기준들을 어느 정도 겸비한 성공한 참모였다는 평가를 받을 만하다. 그가 학문과 참정에 있어서 성공적인 삶을 살 수 있었던 배경에는 성공적인 인간관계가 있다. 그는 좋은 부모 밑에서 가정교육을 받았고 학교와 사회생활에서 좋은 스승과 친구 그리고 후원자들을 만났던 것이다.

그러나 정치학자와 정부 관리 또는 외교가로서의 키신저의 삶은 그의 개인적 행운이나 출세에 관한 입지전 이야기로 한정되는 것이 아니다. 그의 삶 속에는 현대 세계사의 굴곡이 녹아들어있고 또 그의 족적을 따라 세계사가 진행돼왔다는 점을 읽어봐야 한다. 그도 역사를 단순한 도덕 이야기로 읽지 말라고 충고한 적이 있다. 역사 속에서의 개인의 존재는 그가 아무리 강력한 영향력을 가졌던 권력자였다고 하더라도, 또 아무리 탁월한 지적 능력을 가졌던 사상가였다고 하더라도 사회정치적 조건의 산물이며 상황의 제약을 벗어날 수도 없기에 그러한 맥락과 연관시켜 이해할 필요가 있다. 키신저는 2차 세계대전 후 미국 외교에 가장 큰 영향을 미친 인물이라고 인정받고 있다. 그는 국제정치의 구조적인 변화와 미국의 지도적 역할을 배경으로 현실주의적 세력균형의 외교철학을 적용하는 외교를 펼쳤다.

키신저는 정의보다는 권력을 우선시하고 이데올로기와 도덕성보다는 힘과 국가이익에 기초해서 행동하는 것이 덜 위험한 선택이라는 신념을 가지고 있었다. 그는 외교란 국제정치의 질서를 만드는 일이라고 보았다. 그래서 사람들은 그를 권력정치(realpolitik)를 추구한 현실주의자로 인정한다. 그 자신도 그러한 평가에 대해서 별다른 이의를 제기하지는 않았다. 그러나 그는 자신이 정책결정자로 활동하면서 실용적인 것과 도덕적인 것 중에 어느 한 쪽만을 취하고 다른 한 쪽을 버린 것이 아니라 두 가지를 어떻게 균형지울 것인가를 고민했었다고 고백했다. 그는 단순한 세력균형만이 아니라 전쟁과 외교 간의, 국가이익과 도덕성 간의, 그리고 국내적 가치관(이데올로기)과 국제적 필요(실제) 간의 균형, 즉 외교사상의 두 전통인 현실주의와 이상주의 간의 균형을 추구하려고 노력했다고 말한다. 그는 그의 회고록 3부작의 마지막 권 말미에서 그러한 그의 외교철학 형성이 부모의 교육으로부터 큰 영향을 받았다고 말했다. 어머니로부터 실용적 태도를 아버지로부터 도덕적 지침을 배웠다는 것이다.[7]

2. 가정과 교육 배경

소년기의 독일 생활

키신저는 1923년 바이마르공화국 시기 독일의 바바리아 지역 뉘

7 Henry A. Kissinger, *Years of Renewal*(New York: Simon & Schuster, 1999), pp. 1078-1079.

른베르크(Nürnberg) 인근의 소도시 퓌르드(Fürth)의 유태인 가정에서 태어났다. 퓌르드는 당시 인구 7만 정도의 도농복합형 도시로 인구 중 70%가 개신교도였다. 유태인 인구는 약 2500명 정도였는데 유대감을 가지고 일곱 개의 시나고그를 중심으로 공동체를 이루어 살고 있었다. 키신저의 조상들은 18세기부터 바바라지역에 정착해서 살았는데 키신저의 할아버지 다비드 키시저(David Kissinger)는 독실한 유대교도로 시나고그에서 봉사하며 교회학교 교사로 일했던 교육자였다. 그는 아들을 일곱 명 낳았는데 큰 아들 이름을 프랑스식으로 루이스(Louis)라고 지었다. 그가 헨리 키신저의 아버지 루이스 키신저다. 루이스 키신저는 그의 아버지처럼 교사의 길을 걸었다. 헨리 키신저의 아버지 루이스 키신저는 퓌르드의 사범학교를 졸업하고 교사자격증을 얻어 유태인 자녀들이 다니는 교회학교가 아닌 부유한 집 자녀들이 다니는 일반 사립학교 교사로 일했다. 그는 교사직을 자랑스럽게 여겼고 보수도 중류 계층이상의 생활을 할 수 있을 정도로 좋았다. 그는 수학, 과학, 회계학 등을 가르쳤는데 문학과 음악을 좋아하는 낭만파였다. 그는 노총각으로 여학교 교사로 부임했을 때 학교 교장의 소개로 그보다 나이가 14세 연하인 여학교 졸업생 파울라(Paula)를 만나 사귀게 되었다. 그녀가 바로 헨리 키신저의 어머니가 된다. 그녀의 아버지 그러니까 키신저의 외할아버지는 인근 도시에 살던 유태인으로 가축 거래상을 하는 부자였는데 정치와 학문에는 전혀 관심을 두지 않는 생활인이었다. 파울라는 외동딸로 자라 사교적이며 외향적 성격을 가진 실제적 생활인이었다. 루이스 키신저와 파울라는 각각 35세와 23세에 결혼했다. 파울라는 부자인 아버지로부터 큰 저택을 마련할 수 있을 정도의 많은 지참금을 받았다. 루이스 키신저 부부는 연년생으로 두 아들을 낳았는데 첫째의 이름은 하인츠(Heinz), 둘째의 이름은 발테르(Walter)라고 지었다. 하인츠는 후에 미국으로 이민하면서 헨리(Henry)로 개명했다. 그가 바로 헨리 키신저다. 두 형제는 각각 부모를 닮아 서로 성격이 달랐다. 하인츠는 아버지를 닮아 사색적 내성적이었고 발테르는 어머니를 닮아 보다 사교적이고 외향적이었다.[8]

키신저의 부모는 모두 독실한 유태교도로 율법을 지키는 생활을 했지만 두 아들은 비 유태인들이 많이 다니는 일반 학교에 보내 공부하도록 했다. 키신저 부모들은 학교에서 공부하고 집에서 그리고 교회에 가서는 탈무드(Talmud)를 읽음으로써 자녀들이 유태인의 정체성을 지키면서 독일 문화에 동화하도록 돕는 유태인 가정의 일반적인 교육 방식을 따랐다. 키신저는 학교에서는 역사와 문학, 그리고 외국어 공부에 열중하고 방과 후에는 집에서 매일 두 시간씩 성경과 탈무드를 공부했다. 키신저의 어머니는 특히 자식들의 교육과 장래에 관해서 관심을 기울였다. 그녀는 키신저를 국립 중고등학교인 김나지움(Gymnasium)에 입학시키고 싶었는데 여의치 않게 되자 그를 이웃 도시 뷔르츠부르크(Bürzburg)에 있는 유태교 신학교에 진학시켜 기숙사 생활을 하며 공부하도록 했다. 이 때 키신저는 학교 도서

8 Walter Issacson, *Kissinger: A Biography*(New York: Simon & Schuster, 1992).

관의 많은 책들을 읽을 수 있는 독서의 기회를 가졌다.

1차 세계대전 종전 후 강화된 독일 내의 반 유태인 정서와 유태인들에 대한 사회적 차별은 더욱 심화 노골화 되고 공격적인 형태를 띠게 되었다. 따라서 유태인 사회는 위축되고 고립되었다. 특히 나치의 등장으로 유태인들에 대한 차별은 폭력적인 위협으로 진행되었고 심지어 유태인 자녀들은 비 유태인 친구들과 놀지도 못하고 공공장소의 출입도 제한받게 되었다. 나치의 집권은 키신저 가정에 큰 영향을 끼쳤다. 키신저의 아버지가 뉘른베르크 반 유태인법에 따라 학교 교사직에서 해임되었다. 나치 집권 후 만들어진 뉘른베르크법은 유태인의 독일 국적을 박탈하고 유태인과 기독교인 간의 결혼을 금지하며 유태인들을 국공립학교 교직과 전문직에서 퇴출시키도록 했던 것이다. 키신저의 아버지는 자부심을 가지고 20여 년 간 봉직해왔던 교직을 잃고 크게 낙심했다.

미국으로의 이민과 참전

키신저 가족은 다른 많은 유태인들처럼 나치 정권의 탄압을 피해 미국으로의 이민을 결심했다. 자식들의 교육과 장래를 위해서 적극적으로 이민을 주도한 사람은 어머니였다. 키신저의 어머니 파울라는 먼저 미국에 이민 가 뉴욕 맨하탄에 살고 있던 사촌과 연락하여 이민을 위한 수속을 밟았다. 그녀가 외동딸로서 병석에 있는 아버지를 두고 이민을 떠나는 것은 쉽지 않은 결심이었다. 키신저의 가족들은 1938년 8월 20일 독일을 떠났다. 당시 키신저의 아버지 루이스

키신저의 나이는 50세 키신저의 나이는 15세였다. 독일을 탈출한 키신저 가족은 영국 런던을 거쳐 9월 초 미국 뉴욕에 도착하여 맨하탄의 유태인 집단 거주지역인 워싱턴 하이츠(Washington Hights)의 작은 임대 아파트에 거처를 잡았다.

키신저 가족들이 미국 생활에 적응하는데 큰 어려움은 없었다. 그들의 생계를 위한 활동과 신앙생활은 주로 유태인 공동체 내에서 이루어졌다. 그의 아버지는 다른 가족보다 더 많은 교육도 받고 영어도 더 배우고 왔지만 오히려 마땅한 일자리를 찾기가 쉽지 않았고 새로운 미국 생활 방식에 적응하는데 더 어려움을 겪었다. 그의 어머니는 성격대로 새로운 생활에 잘 적응했다. 그녀는 일자리를 구하여 가족들의 생계도 책임지고 주위 사람들과도 잘 어울렸다. 키신저는 미국에 도착한 후 한 달 만에 조지 와싱턴 고등학교(George Washington High School)에 입학했다. 키신저 형제는 학교 공부를 하면서 생계에 보태기 위해서 공장에서 일하며 돈을 벌어야 했다. 그는 첫 학기에는 영어 때문에 곤란을 겪었지만 다음 학기부터는 모든 과목에서 100점 만점 중 90점 이상을 받는 우수한 성적을 기록했다. 키신저는 학교에서도 주로 유태인 친구들과 어울렸다. 어느 날 그는 친구들과 댄스파티에 갔다가 그보다 두 살 아래의 한 여학생을 만나 친구로 사귀게 되었다. 그녀의 이름은 아넬리스 플라이셔(Anneliese Fleischer)였는데 독일 뉘른베르크에서 이민 온 유태인 가정의 딸이었다. 그녀는 검은 머리의 아담한 체격을 가진 명랑한 소녀로 문학과 음악을 좋아해서 시를 쓰고 첼로 연주도 했다. 그녀는 또 몸이 불편한 아버지를 봉양하고 이웃 어린이들을 돌볼 줄 아는 따뜻한 마음씨와 여성스러움을 지니고 있었다. 두 사람은 오랜 사귐 후 1949년에 결혼하게 된다.

키신저는 고등학교를 졸업한 후 1941년 집에서 지하철을 타면 20분 정도 걸리는 가까운 뉴욕 시립대학(City College of New York)에 진학했다. 당시에는 그 대학 재학생 대다수가 유태인 자녀였다. 프랭클린 루즈벨트(Franklin Roosevelt)대통령의 측근으로 미국 연방대법원 판사가 된 펠릭스 프랑그풀터(Felix Frankfurter)도 그 대학 출신이었다. 키신저는 대학에서 특별한 목적의식 없이 아버지의 권유에 따라 회계학을 전공하기로 했다. 그는 대학생으로 1년 공부한 후 잠시 공부를 접고 군대에 입대하기로 마음먹었다. 개정된 법에 따라 1942년부터 독일에서 출생한 사람도 군에 입대할 수 있게 되고 3개월 이상 군에 복무한 이민자에게는 시민권을 부여하는 영예제도가 실시되었던 것이 그의 입대 결심의 중요한 배경이 됐다.

2차 세계대전 중 미군 전략정보부대(Office of Strategic Service) 부대장이었던 도노반(William Donovan)의 제의에 따라 독일어를 잘 하고 독일 사정에 밝은 독일 출생의 이민자들을 징집하여 유럽 전선의 전투부대에 배치하고 특수임무를 수행토록 하게 되어 독일 이민자들 특히 유태인 이민자들의 군 입대 지원이 크게 늘어났다. 통계에 의하면 2차 세계대전 중 미군에서 복무한 유태인은 55만 명에 달했다. 군에 입대하려면 20세가 넘어야했기 때문에 키신저는 1943년 2월에 입대하여 훈련을 받고 그해 6월 9일에 미국시민권을 얻어 정식으로 미국

군인이 되었다. 그는 비로소 유태인 사회를 벗어나 미국인으로 살기 시작했다. 그의 군대 생활은 미국인이 돼가는 중요한 과정이었던 것이다.

전시에는 유태인에 대한 차별이나 편견이 많이 해소되었지만 기독교도를 우선시하는 정책 때문에 유태인들은 상대적으로 제약이 많았다. 키신저는 우수한 훈련 성적으로 의무병을 지원했는데 제한된 정원 안에 들지 못해 탈락했다. 그는 1944년 9월 유럽전선의 보병사단에 배속되어 참전했다. 그는 사단장 운전병 겸 통역담당으로 있다가 정보부서로 차출되어 대적 첩보부대에서 근무했다. 당시 전략정보부대 본부에는 대학교수로 재직하다가 참전했던 독일계 이민학자들과 전후에 미국대학의 저명한 학자가 된 인물들이 많이 근무하고 있었다. 예컨대 프란츠 노이만(Franz Neuman), 마르쿠제(Herbert Marcuse), 킨들버거(Charles Kindleberger), 그리고 아서 슐레진저(Arthur Schlesinger) 등과 같은 이들이 그들이다. 물론 키신저는 학력도 낮았고 나이도 어렸기 때문에 그들과는 격이 달랐고 그렇기 때문에 야전말단의 대적 첩보 부대에서 근무했던 것이다. 키신저는 하사관으로 승진하여 독일 점령지역의 선무공작 업무를 담당하게 됐고 나치당원의 색출과 주민생활을 안정화 하는 임무를 성공적으로 수행했다. 그는 점령군의 신분으로 고향을 찾아가 유일하게 생존해 있던 어릴적 친구를 돌봐주기도 했다. 키신저는 1년 간 인구 1만 7천 명의 소도시 벤슈아임(Bensheim)을 관할하는 사실상의 지역 군정 책임자의 역할을 하기도 했다. 그의 나이 22세 때였다.

키신저는 군 복무 중 그의 일생에 서 큰 가르침과 영향을 받게 된 인생의 스승 프리츠 크래머(Friz Kraemer)를 만났다. 크래머는 유태인이 아니었지만 나치를 반대하여 미국으로 망명한 지식인이었는데 미군에 입대하여 하사관으로 근무하고 있었다. 그는 영국의 런던경제정치대학에서 유학하고 이탈리아 로마대학과 독일 프랑크푸르트의 괴테대학에서 각각 법학과 경제학 박사학위를 받았던 엘리트였다. 그는 영어가 유창했고 10여 개 국 언어를 구사할 수 있었다. 그는 키신저보다 나이가 15세나 많았지만 친구가 되었고 키신저의 군 생활과 진로에 큰 도움을 준 은인이었다. 두 사람 간의 우정은 30년 계속됐다. 크래머는 2차 세계대전 종전 후 독일 남부 바바라 지역 오베르암메르가우(Oberammergau)시에 신설된 미군 유럽사령부 정보학교에 파격적으로 고교졸업 학력의 키신저를 교관으로 추천하여 함께 근무하도록 이끌어 주었다. 당시 키신저는 23세의 어린 나이에다 사병 출신이었지만 그보다 나이도 많고 학력도 좋은 장교들을 가르치는 일을 했다. 그는 공식적으로 현역군에서 제대하고 문관 신분이 되었는데 당시의 기준으로 보면 꽤 높은 보수로 연봉 1만 달러를 받았다.

하버드대학 학생 시절

키신저는 군 복무를 마치고 1947년 7월 미국으로 돌아왔다. 그는 귀국 후 제대 군인들에게 주어지는 특혜를 위해서 입학 정원이 늘어난 덕으로 하버드대학에 입학할 수 있었다. 그는 2학년에 편입학하여 화학을 전공할 생각으로 원자 핵폭탄을 만드는 맨하탄 프로젝트(Manhathan Project)에 참가했던 저명한 화학자 키스티아코우스키(George Kistiakowsky)교수를 찾아가 상담했으나 그 교수의 만류로 화학 공부를 포기했다. 키신저는 정치학과 엘리오트(William Elliot)교수의 헌정사(The Development of Constitutional Government)강의를 듣고 매혹되어 정치학을 공부하기로 결심했다. 그가 정치학 전공을 선택한 배경에는 또 군대 생활 중에 만난 크래머의 권고도 있었다.[9]

하버드대학 정치학과 엘리오트 교수는 그를 가르치고 진로를 열어준 또 한사람의 스승이자 은인이 됐다. 엘리오트 교수는 당시 하버드대학 정치학과에서 칼 프리드리히(Carl Friedrich) 교수와 쌍벽을 이루고 있던 원로 교수였다. 프리드리히 교수는 독일 하이델베르크대학 교수로 있다가 1926년 미국으로 이민한 사람으로 소련과 러시아문제 전문가였다. 엘리오트 교수는 백악관과 정부 그리고 의회 등에 대한 정책자문 활동을 활발히 하던 참여지향적인 정치학자였으나 프리드리히 교수는 이론적 연구와 학술 활동에 더욱 주력하던 학구파였다. 두 교수는 서로 경쟁의식을 가지고 있었기 때문에 학생들은 두 교수와의 관계에 신경을 쓰지 않을 수 없었다. 그런데 키신저는 두 교수로부터 다 같이 인정을 받아 동료학생들은 그의 특별한 처신을 시기하기도 했다. 키신저는 정치이론이나 철학보다는 현실정치 문제 분석과 국제관계 분야 공부에 더욱 흥미를 갖고 있었다.

9 Niall Ferguson, *Kissinger, 1921-1968: The Idealist*(New York, Penguin Press, 2015), p.228.

키신저는 엘리오트 교수의 강의조교(TA)를 하면서 그와 더욱 가까워지게 됐다.

키신저는 대학 재학 중에 고등학교 시절부터 사귀어오던 여자 친구 플라이셔와 결혼했다. 그녀는 키신저가 군에 입대해 외국의 전장에 가있던 동안 그를 기다려주었던 것이다. 그녀는 뉴욕의 헌터대학(Hunter College)을 졸업하고 맨하탄에 있는 한 회사의 회계원으로 일하고 있었다. 그들이 결혼할 때 키신저는 25세 플라이셔는 23세였다. 키신저는 1% 안에 드는 학생에게 주는 최우등상(summa cum laude)을 받고 졸업했다. 또 그의 졸업논문은 역사의 의미를 주제로 썼는데 383페이지에 달하는 분량의 긴 논문으로 하버드대학 역사상 가장 긴 학부 졸업논문이라는 전설적인 기록을 만들었다. 그는 대학 졸업 후 영국 옥스퍼드대학에 유학가기 위해서 펠로우십을 신청했으나 얻지 못해 포기했다. 그는 로우스쿨 진학을 바라던 아내의 기대와 달리 모과 대학원에 진학했다. 그는 대학 교수가 되기 위해 노력하다가 여의치 못하면 공무원으로 취직하려는 생각을 가지고 있었다.

3. '냉전대학'의 핵전략 전문가

하버드 국제세미나

2차 세계대전 종전 후 미국과 소련이 대립하는 양극적 국제질서 속에서 냉전 상황이 더욱 심화됨에 따라 대학의 제도와 역할에도 큰 변화를 가져오게 되었다. 정부는 세계적 패권국가로서의 정책 과제 특히 국가안보 전략과 외교정책을 수립하고 집행하는 데 있어서 보다 세련된 분석과 대책을 만드는 전문적인 능력을 필요로 하게 되었다. 따라서 정부는 대학의 연구 조직과 지적 자원을 활용하면서 정부의 '두뇌' 역할을 하는 새로운 정책연구기관을 증설하는데 힘쓰게 됐다. 대학들은 그러한 정부의 기대와 국가적 과제에 부응하면서 대학의 대 사회적 역할을 확대하고 정부나 기업으로부터 재정적 지원을 얻어내기에 유리한 길을 모색했다. 시대적 과제를 배경으로 대학과 정부, 학술과 정책, 나아가 지식과 권력 간의 연결이 더욱 긴밀해지게 됐던 것이다. 특히 외교안보 분야에서의 학술-정책 연계 현상이 두드러졌는데 이는 대학 내에 학제적 사회과학 프로그램으로 국제관계 및 세계 지역연구가 발전하는 배경이 됐다. 냉전시기 그러한 국가적 과제에 적극적으로 참여하는 미국 대학의 정책연구 지향을 '냉전대학(coldwar university)' 현상이라고 불렀다. 그러한 '냉전대학'은 정치학의 영역을 크게 넓히는 기회가 되었고 많은 정책 전문가를 배출하는 결과를 가져왔다.

키신저는 '냉전대학'이 산출한 시대의 총아였다. 그의 재능을 일찍이 발견하고 발탁하여 키운 사람은 하버드대학 정치학과의 엘리오트 교수였다. 엘리오트 교수는 하버드대학에 학술과 정책을 연결하는 학제적 연구조직을 만드는 일을 추진했다. 그는 '하버드 국제세미나(Harvard International Seminar)'를 조직하고 유럽과 아시아의 젊은 정치사회 지도자들을 정기적으로 초청하여 민주주의와 반공산주의에 관한 이념적 이해와 유대감을 넓히는 사업을 벌이게 되었다. 엘리오트 교수는 그 사업을 추진하면서 실무 행정 책임자인 소장에 대학원생이었던 키신저를 임명했다. 키신저가 당시 27세로 박사과정 1년차 학생이었던 점을 생각하면 엘리오트 교수가 얼마나 키신저의 능력을 인정하고 신임했는가를 짐작해 볼 수 있다.

하버드 국제세미나는 1951년 여름부터 시작됐는데 제1기 초청대상은 유럽 국가들로부터 온 20명이었다. 이 국제세미나는 1969년까지 18년간 계속됐는데 이 과정을 수료한 사람들이 모두 600여 명에 이르렀다. 그 중에는 일본 수상이 된 나카소네(Yasuhiro Nakasone), 프랑스 대통령이 된 지스카르 데스텡(Valery Giscard d'Estain), 터키 수상이 된 에세비트(Bulent Ecevit), 말레지아 수상이 된 마하티르(Mahathir Bin Mohammed) 등 많은 나라의 국가와 정부 수반, 그리고 외무부 장관과 사회 지도자들이 포함됐다. 키신저는 그 국제세미나 사업을 주관하면서 많은 국제적 인맥을 만들 수 있었고 그러한 인적 네트워크는 그가 후일 외교활동을 하는데 있어서 중요한 인적 자원이 되었다. 키신저는 또 사업상 강사 섭외 등을 위해서 국내의 많은 정계 학계 지도자들과 교류할 수 있는 기회를 만들 수 있었다. 당시 국제세미나 강사로 참여한 인사들 중에는 프랭클린 루즈벨트 대통령 미망인 엘리노 루즈벨트(Eleanor Roosevelt), 국무부 장관을 역임한 애치슨(Dean Acheson), 상원의원 케네디(John F. Kennedy), 대통령 국가안보보좌관 넬슨 록펠러(Nelson Rockefeller), 아더 슐레진저(Arthur Schlesinger)교수 ,그리고 니버(Reinhold Niebuhr) 교수 등이 있었다.

키신저는 박사과정 재학 중인 1952년 록펠러재단의 재정지원으로 국제문제 전문 잡지 「콘플루언스(Confluence)」를 창간하여 편집 책임자로 일했다. 그는 잡지 집필진으로 참여한 많은 전문가 학자들과 교류할 수 있는 기회가 있었다. 키신저는 박사과정 중 또 국방부의 심리전 연구 과제에 참여하는 전문가의 일원으로도 활동했다. 그는 군의 ORO(Operations Research Office) 지원의 현장 연구 과제를 수행하기 위해서 1951년 한국을 방문하기도 했다. 당시 그의 연구 과제는 주한 미군이 민간사회에 미치는 영향 조사를 통해서 심리전 정책 자료를 작성하는 것이었다. 키신저는 1954년 박사학위를 받았다. 그의 학위논문 제목은 「평화, 정당성, 그리고 균형: 캐스틀러리프와 메테르니히의 정치경륜에 관한 연구」였다. 그의 박사학위 논문은 3년 후에 『회복된 세계: 메테르니히, 캐스틀러리프, 그리고 평화 문제, 1812-22』로 출간됐다.[10] 논문의 주제는 나폴레온 전쟁 후 유럽 국제질서 형성과정의 외교사였는데 그의 현실주의적 권력정치 사상과 세력균형 외교 철학의 기초가 되었다.

핵무기와 외교정책

박사학위를 받은 키신저는 시카고대학과 펜실바니아대학으로부터 교수직 제의를 받았으나 응하지 않고 하바드 국제세미나 업무를 계속하면서 1954년 말부터 뉴욕에 있는 대외관계협회(Council

10 Henry A. Kissinger, *A World Restored: Metternich, Castlereagh and the Problems of Peace, 1812-22*(Boston: Houghton Mifflin, 1957).

of Foreign Relations)에서 일하게 되었다. 대외관계협회는 1차 세계대전 후 포드재단과 록펠러재단의 후원으로 정계 원로, 기업인, 언론인, 대학교수 그리고 외교안보 전문가들이 회원으로 참가하여 조직된 권위 있는 국제문제 및 외교안보 정책 연구기관이다. 동 협회는 1922년 9월부터 격월간 국제문제 전문지 「대외문제(Foreign Affairs)」를 발행해오고 있다. 당시에는 록펠러가의 후예인 데이비드 록펠러(David Rockefeller)가 회장을 맡고 있었다. 키신저는 동 협회 내에 특별히 조직된 핵무기와 외교정책 연구팀의 팀장을 맡아 일했는데 당시 그 연구팀에는 학계의 권위 있는 외교안보 전문가 학자들과 국무부 등 정부의 고위직을 역임한 전직 관리들도 다수 참가하고 있었다. 이는 31세의 키신저가 이미 외교안보 전략 문제 전문가로 인정받고 있었음을 보여주는 것이다. 그의 협회 근무는 정부와 정계에 인맥을 만드는 또 하나의 기회가 되었다.

키신저는 순수한 학문적 연구보다는 정책연구를 더욱 선호했기 때문에 대학 전임 교수직을 얻을 수 있는 기회도 포기했다. 그는 조용한 대학가 보다는 힘과 활력이 넘치는 맨하탄의 분위기에 더욱 매력을 느꼈다. 이 때부터 그는 상아탑 속에서의 안이한 학문 생활에 만족하지 못하는 권력의지를 들어냈다. 키신저는 「대외문제」지 1955년 4월호에 핵전략에 관한 논문을 발표하였다.[11] 그는 논문 속에서 아이젠하우어(Dwight D. Eisenhower) 대통령 정부의 봉쇄정책

11 Henry A. Kissinger, "Military Policy and Defense of the 'Grey Arears'," *Foreign Affairs, Vol. 33, no. 3*(April 1955), pp. 416-28.

(containment policy)과 대량보복(massive retaliation) 핵전략을 비판하고 제한된 핵전쟁(limited nuclear war) 준비, 즉 전술 핵 능력의 중요성을 주장하여 주목을 받았다. 그 논문은 그가 핵전략 전문가로 각광받는 중요한 계기를 만들어 주었으며 그가 주도한 연구팀의 보고서 작성의 기본 틀이 되었다.

연구팀의 연구결과 보고서는 1957년 키신저를 저자로 하는 단행본 『핵무기와 외교정책』으로 출간되었다.[12] 사실 그 보고서는 키신저의 독창적 작품이라기보다는 연구 참여자들의 견해들을 종합한 것이었다. 키신저는 그 책에서 현실주의 외교철학을 기초로 하여 군사력의 위협을 수반하는 외교를 강조하면서 핵 전면전과 제한된 통상 전쟁 두 가지 선택지만 있는 대소전략은 의미를 상실했다고 강조했다. 그는 제한적인 핵전쟁 능력을 개발하는 것이 가장 효과적인 대안이라고 주장했다. 키신저의 책은 무기의 다양화를 통하여 유연한 군사적 태세(flexible military posture)를 갖추는 동시에 협상을 주도함으로써 외교의 유연성을 확보하는 압박과 협상의 전략을 제시하여 힘과 협상을 결합하는 미국 외교정책의 기본 틀을 새롭게 정립하는 교본이 되었다.

넬슨 록펠러와의 만남

키신저는 핵전략과 외교정책 전문가로서의 명성을 얻게 된 후 그

12 Henry Kissinger, *Nuclear Weapons and Foreign Policy*(New York: Harper & Brothers, 1957).

의 진로에 큰 영향을 미치게 될 또 한 사람의 중요한 후원자 넬슨 록펠러와 인연을 맺게 되었다. 넬슨 록펠러는 미국 최고 부자의 하나인 록펠러가문 출신으로 정치적 야심을 키우고 있던 인물이었다. 그는 당시 아이젠하우어 대통령의 국가안보보좌관으로 있으면서 대소련 봉쇄정책에 대치할 새로운 냉전 전략과 외교정책 대안을 모색하고 있었다. 그는 또 장차 미국 대통령이 되려는 꿈을 키우고 있었던 유력한 정치인이었다. 그는 개인적으로 국가안보전략을 구상하기 위하여 조직한 연구팀에 키신저를 끌어들였다. 물론 그는 키신저가 젊고 전문적인 능력을 갖추고 있다는 점을 높게 평가했다. 한편으로 그는 키신저가 정통적인 학자라기보다는 학계의 아웃사이더라는 점을 주목했다. 그는 정통적인 학구파 교수보다는 학계의 주변인이 오히려 정책개발에 있어서 더 창의적인 능력을 발휘할 수 있다는 점을 알고 키신저를 발탁하는 혜안이 있었다.

두 사람의 만남은 피차간의 정치적 필요가 동기가 됐지만 단지 정치적 후원-추종관계 뿐 아니라 인간적 친교 관계로 지속되어 넬슨 록펠러가 죽을 때까지 계속됐다. 두 사람의 만남은 최고의 부와 지위를 상속받은 정치적 야심가와 지식을 무기로 하여 사회적 지위의 상승을 추구하는 정치적 야심가의 이상적 결합이었다. 물론 두 사람간의 관계가 평등한 것은 아니었다. 노골적으로 표현하면 키신저는 '부자의 시종'이 되었던 것이다.[13] 넬슨 록펠러는 후에 뉴욕 주 주지

13 Jeremi Suri, 앞의 책, p.165.

사에 당선되었고 1964년과 1968년 두 차례 공화당 대통령 후보 예선에 도전했으나 뜻을 이루지 못했다. 키신저는 그 동안 그의 충실한 정책 참모로 활동했다. 넬슨 록펠러는 결국 그의 경쟁자였던 닉슨이 대통령에 당선되어 키신저가 닉슨 대통령 국가안보보좌관으로 취임하게 됐을 때도 키신저를 격려하면서 축하 금 5만 달러를 보내주었다. 키신저는 넬슨 록펠러가 타계했을 때 추도의 글에서 그에게 넬슨 록펠러는 '친구요 형님이며 영감의 원천인 스승'이었다고 말하면서 그가 대통령이 되었더라면 위대한 대통령이 됐을 것이라고 추모했다. 두 사람은 정치적으로나 인간적으로 상하의 관계였다.

키신저는 대외관계협회의 일을 마무리하고 다시 하버드대학으로 복귀하여 1958년에 신설된 국제문제연구소의 부소장 겸 정치학과 교수로 일하게 되었다. 그를 하버드대학으로 불러들인 사람은 후에 케네디 대통령의 국가안보보좌관을 맡게 되는 당시 하버드대학의 교무처장 맥조지 번디(McGeorge Bundy)였다. 국제문제연구소의 소장직은 덜레스(John Forster Dulles) 국무부 장관 밑에서 정책기획 차관보를 지낸 보위(Robert Bowie) 교수가 맡고 있었는데 그는 자신이 주도하던 핵전략과 국가안보정책을 비판하는 키신저와 입장을 달리할 뿐만 아니라 인간적으로도 조화되기가 어려웠다. 키신저는 1959년 7월 정치학과의 정년보장 부교수로 승진했다. 사실 당시 학과 내에서는 제한된 정년보장 교수 자리를 놓고 경쟁이 치열했고 키신저가 학구적이지 못하다는 이유로 그의 승진을 반대하는 교수들이 적지 않았다. 그런데 교무처장인 번디의 지지와 주선으로 키신저가 국제문제연구소의 일과 정치학과 강의를 겸무하는 조건으로 정년보장 임용을 받을 수 있었다. 당시 경쟁자들 중 스탠리 호프만(Stanley Hoffman)은 같이 정년보장 임용이 됐지만 헌팅톤(Samuel P. Huntington)과 브르진스키(Zbigniew Brzezinski)는 탈락되어 하버드대학을 떠나야했다. 헌팅톤은 잠시 컬럼비아대학에 가 있다가 다시 하버드대학으로 복귀했다. 브르진스키는 특히 키신저에 대해서 경쟁의식을 가지고 있었다. 그는 폴란드에서 캐나다로 이민한 가정 출신으로 캐나다 맥길대학에서 학사와 석사 과정을 졸업하고 하버드대학의 박사과정에 입학했는데 프리드리히 교수의 지도를 받고 키신저보다 한 해 먼저 박사학위를 받았다. 그는 컬럼비아대학 정치학 교수로 있으면서 역대 민주당 정부의 외교안보정책 자문 활동을 하다가 1977년부터 1981년까지 지미 카터(Jimy Carter) 대통령 국가안보보좌관으로 일했다.

키신저는 하버드대학 정치학과에서 국제관계의 원리(Priciples of International Relations) 과목을 강의했는데 그의 강의는 학부생 수백 명이 수강할 정도로 인기가 있었다. 키신저는 또 국방연구 과정(Defense Studies Program)을 주관하면서 관련 대학원 강좌의 개설과 연구 과제의 수행 그리고 군 간부 및 국방정책 담당자들과의 교류 등을 추진했다. 키신저는 정치학과 강의보다는 연구소 업무에 더욱 주력했고 정부 관계자들과 접촉하기위해서 자주 워싱턴에 출장을 다녔다. 그는 학과와는 다소 거리를 두고 동료 교수들과도 소원한 관계로 생활했고 대학 내 행정 보직을 추구하지도 않았다.

키신저는 1959년 3월 에 그의 첫 딸 엘리자베스(Elizabeth)를 2년 뒤에는 첫 아들 데이비드(David)를 보았다. 그는 1960년에 『선택의 필요』를 출간했는데[14] 여기서 그는 미국과 소련 간의 미사일 개발 격차가 확대되고 있음을 경고하면서 핵 억지 능력의 증강 필요성을 강조했다.

4. 세계 정치외교의 주역

키신저는 하버드대학의 정년보장 교수로 핵전략과 외교안보 문제 전문가로서의 확고한 위치와 명성을 얻게 되었고 따라서 정치권과 정부로부터 많은 참여 제의와 유혹을 받았다. 1961년 정부 교체가 이루어져 새로 출범하는 케네디 대통령 정부는 키신저의 핵전략 제안과 유럽 중시 외교정책 주장에 주목하고 그를 백악관 국가안보회의(National Security Council)에 참여시키려고 했다. 새 정부에서는 하버드대학 동료 선배 교수인 역사학과의 아더 슐레진저와 정치학과의 매조지 번디가 각각 대통령 특별보좌관으로 백악관 대통령 측근에서 일하고 있었고 그들의 적극적인 추천이 있었다. 키신저는 1961년 3월부터 비상임 자문위원으로 백악관에서 일하기 시작했다. 물론 이 때 키신저는 공화당의 유력한 정치인 넬슨 록펠러의 개인 정책 자문 팀에도 관여했다. 그러한 키신저의 처신을 보고 사람들은

14 Henry A. Kissinger, *The Necessity for Choice*(New York: Harper, 1961).

기회주의 또는 이중적 충성심이라고 비판했지만 당시의 상황에서는 당파를 초월하여 그의 전문적 능력을 필요로 했던 것이라고 이해해 볼 수 있다. 키신저는 반년 만에 백악관 비상임 자문위원 직을 사퇴했다. 그의 사퇴 배경 원인은 맥조지 번디와의 업무상 갈등 때문이었던 것으로 알려졌다. 맥조지 번디는 대통령에게 직접 보고하려는 키신저의 월권을 견제하려했고 키신저는 번디의 그러한 행동이 자신을 무시하는 태도라고 생각하여 불만이 많았다.

키신저는 1964년 공화당 대통령 후보 경선에 도전한 넬슨 록펠러 선거운동 캠프의 참모로 참여했다. 그러나 당시 넬슨 록펠러는 배리 골드워터(Barry Goldwater)에게 패하여 잠시 대통령의 꿈을 접어야 했다. 키신저는 그때 선거운동 캠프에서 일하던 30세 미모의 여성 낸시 매긴스(Nancy Sharon Maginnes)를 만나 데이트를 시작하게 됐다. 키신저가 첫 부인과의 관계가 소원해져서 이혼한 직후의 일이었다. 두 사람은 오래 동안 연인관계로 사귀다가 후에 결혼했다. 키신저는 케네디 대통령의 암살 사건 후 대통령직을 승계한 존슨(Lyndon B. Johnson) 대통령 정부의 베트남 정책을 지지하고 베트남 문제 해결을 위한 파리협상에 관여했다. 키신저는 1968년 공화당 대통령 후보 경선에 다시 도전한 넬슨 록펠러의 선거운동 캠프에 참여하여 도왔으나 리차드 닉슨(Richard Nixon)과의 경쟁에서 또 다시 패배했다. 키신저는 실망감에서 언론에 공개적으로 닉슨이 부적격한 대통령 후보라고 비난했다.

대통령 본선 중 공화당 닉슨 후보 캠프에서는 키신저를 포섭하려 했으나 응하지 않았다. 키신저와 닉슨 두 사람은 만난 적은 있지만 깊은 대화를 나눈 사이는 아니었다. 민주당 험프리(Hubert H. Humphrey) 후보 측 선거 캠프에서 일하고 있던 헌팅톤과 브레진스키도 키신저의 합류를 요청했다. 키신저는 양측으로부터 도움을 요청받고 또 양측은 각각 키신저가 자기 편에 가담하기를 기대했던 것이다. 그런데 당시 존슨 대통령은 선거일 6일을 앞두고 돌연 베트남 포격 중단을 발표하는 일이 있었다. 선거분위기를 민주당 후보에게 유리하도록 바꾸어 보려는 다분히 정략적인 의도를 갖고 있던 결정이었다. 이 때 파리 평화협상에 관여하고 있던 키신저는 그러한 폭격중단 결정에 관한 정보를 미리 입수할 수 있었고 그것을 공화당 닉슨 후보에게 제공하여 대비하도록 했다고 한다. 키신저가 닉슨 당선에 기여했다는 이야기 인데 아마도 그의 중립적 태도가 빚은 오해일 수 있다.

어찌됐든 선거에서 공화당 닉슨 후보가 승리를 거두고 대통령이 되었다. 키신저는 넬슨 록펠러가 닉슨 정부에 입각하여 참여하기를 희망했다. 넬슨 록펠러 측의 많은 사람들은 그가 주지사 직을 계속하기를 주장했지만 키신저는 넬슨 록펠러가 국방장관으로 입각하면 그를 따라 정부에 참여할 수 있을 것이란 기대를 하고 있었다. 그런데 뜻밖에도 닉슨 대통령은 키신저에게 백악관 국가안보보좌관 직을 맡아 줄 것을 제의해왔다. 넬슨 록펠러 진영에서는 키신저가 그 제의를 거절할 것을 주장하는 의견이 많았다. 하버드대학의 친분 있는 교수들과 그가 인생의 멘토로 여기던 크래머도 닉슨의 실정 책임을 뒤집어쓸 위험을 경계하면서 역시 거절할 것을 종용했다. 그러나 넬슨 록펠러는 정작 키신저가 닉슨의 제의를 수락하도록 격려하고 축하해주었다. 결국 키신저는 닉슨 대통령의 제의를 받아들여 교수직을 휴직하고 정부에서 일하게 되었다. 정치권력의 주변을 맴돌던 한 지식인이 드디어 권력의 핵심으로 진입하여 중요한 책임을 지는 직책을 맡게 되었다. 그의 나이 45세 때의 일이었다.

닉슨 대통령은 대외정책을 국정의 최우선적 과제로 삼고 그의 역할을 '외교 대통령'으로 자임했다. 그는 특히 국무부의 외교 관료체제를 견제하면서 백악관의 국가안보실을 중심으로 대외정책을 추진하려는 구상을 가지고 있었기 때문에 그를 뒷받침해줄 국가안보보좌관의 역할을 매우 중시했다. 키신저는 미국이 당면한 외교문제를 해결하기 위해서 닉슨 대통령의 강력한 리더십과 추진력에 기대를 걸고 있었다. 두 사람의 조합은 정치적 계산과 업무상의 협력에서 모두 잘 어울리는 것이었다. 그런데 두 사람 간에는 개성의 차이와 인간적 신뢰 관계의 문제가 있었다. 닉슨과 키신저 두 사람 간의 관계는 미국역사에 있어서 프랭클린 루즈벨트 대통령과 해리 홉킨스(Harry Hopkins), 그리고 우드로 윌슨 대통령과 에드와드 하우스(Edward M. House) 간의 관계처럼 신뢰하는 대통령과 충직한 참모의 관계는 못됐다. 그럼에도 불구하고 두 사람은 서로 경원하면서도 상호의존하며 5년 반 동안 함께 일할 수 있었다. 닉슨 대통령은 논쟁적인 문제를 추진하면서 부하에게 필요한 힘을 실어주는 강력한 리더십으로 뒷받침해주었고 키신저는 정책을 관리하는 총명함과 근면함으로

만능 참모의 역할을 할 수 있었다.

아이러니한 것은 두 사람이 똑같이 정치하는데 있어서 정치학 공부가 무용하다고 말했다는 점이다. 닉슨은 자신의 대학생 시절을 회상하면서 정치학 과목을 한 과목도 수강한 적이 없다고 말하면서 정치지망생들에게 정치학 공부하라고 권할 생각이 없다고 말한 적이 있다. 왜냐하면 정치적 리더십은 학문을 통해서가 아니라 인간관계의 경험을 통해서 배울 수 있는 기술이기 때문이라는 것이다.[15] 키신저 또한 정치나 정부의 높은 지위로 올라갈수록 전문성의 장점은 의미가 없음을 인정했다.

하버드대학의 규칙에 의하면 2년 이상 계속 교수직을 휴직하는 것이 불가능했다. 키신저는 백악관 근무 2년 후 학교로 복귀하느냐 아니면 정년보장 교수직을 포기하느냐 그 중 하나를 선택해야했다. 그런데 하버드대학 정치학과 교수들은 그가 교수직을 유지하면서 정부에서 계속 일할 수 있도록 예외적인 배려를 해주었다. 키신저는 닉슨 대통령 정부 1기 4년간 미국외교의 중요한 당면 과제들과 국제문제의 현안들을 수완 있게 해결하는 능력을 보여주었다. 그는 소련과의 전략무기제한협상(SALT), 베트남 종전협상, 그리고 중국과의 관계정상화 협상을 주도하면서 미국과 소련 양극체제의 냉전 질서가 다극체제의 탈냉전 질서로 이행해가는 전환기 세계 정치외교 무대의 총아가 되었다. 그는 1972년 2월 역사적인 닉슨 미국 대통령의

---

15 Richard Nixon, *In the Arena: A Memoir of Victory, Defeat, and Renewal*(New York: Simon & Schuster, 1990), p. 97.

중국방문과 닉슨-마오저둥 회담을 성사시키는 막후 역할을 성공적으로 수행함으로써 미중 양국관계의 정상화와 발전의 기틀을 마련하는 공을 세웠다. 1973년 1월에는 베트남전쟁을 끝내는 평화협정 서명이 이루어졌다.

재선된 닉슨 대통령은 키신저가 국무부 장관직을 겸직하도록 더욱 중용하는 조치를 취했다. 의회도 그의 국무부 장관직 인준을 78대 7로 가결시켰다. 키신저는 1973년 9월 미국역사상 최초로 해외에서 출생한 이민자로 국무부 장관이 되었다. 닉슨 대통령은 그의 국무부 장관 지명을 발표하는 자리에서 미국역사상 최초로 '귀화한 시민'이 국무부 장관이 되게 된 점을 특히 강조하면서 미국의 세계적 역할을 상기시켰다. 키신저는 그의 부모와 자녀들도 동석한 그 자리에서 닉슨 대통령의 언급에 화답하면서 자신과 같은 출신 배경을 가진 사람이 미국 대통령의 바로 옆 자리에 설 수 있는 미국 정치체제의 우월성을 역설했다. 키신저는 회고록에서 그날 그 행사장에서 본 그의 아버지 모습이 '꿈을 꾸고 있는' 사람 같았다고 적고 있다. 키신저는 국무부 장관 취임 후 한 달 후에 베트남 전쟁 종전 협상에서의 공로를 인정받아 노벨 평화상을 수상했다. 그날 「뉴욕 타임스」는 사설에서 그가 받은 상을 '노벨 전쟁상(Nobel War Prize)라고 비꼬았다. 실제로 베트남에서는 평화협정 조인 후 2년 만에 내전이 재발했고 무력통일이 이루어졌다.

키신저는 정치외교 무대에서의 주역 뿐 만이 아니라 사교계 명사로서의 생활도 즐겼다. 그는 헐리우드의 영화배우 등 연예인들과의 만남으로 많은 화제를 만들고 독신으로 살면서 여성들과의 염문을 만들기도 했다. 그는 심지어 그에게 여성은 '기분 전환을 위한 즐기기'의 대상일 뿐이며 그것이 그의 취미라고 공언하기까지 하여 오해를 샀다. 그를 바람둥이라고 여기는 사람들도 있었다. 닉슨 대통령도 그의 사생활 태도에 불만을 표시했다고 한다. 그러나 그는 진지하게 사귀어오던 여자 친구 낸시 매긴스와 1974년 3월 재혼했다. 키신저가 50세 낸시가 39세 때였다. 낸시는 뉴욕 맨하탄에서 출생한 재색을 겸비한 활동적인 여성이었다. 그녀는 미시간대학(University of Michigan)에서 역사학 석사학위를 받고 캘리포니아대학(UC Berkeley)에서 박사과정을 밟고 있었는데 방학을 이용하여 넬슨 록펠러 대통령 후보 선거 캠프에서 일하면서 키신저를 만나게 되었다. 두 사람은 1964년 샌프란시스코에서 열린 공화당 대통령 후보 지명을 위한 전당대회에 참가하여 활동하면서 눈이 맞았다. 두 사람은 오래 동안 은밀한 연인 관계를 지속했지만 낸시가 공인의 가족이 되는 것을 꺼려 공직을 계속하게 된 키신저의 사정 때문에 결혼을 미루어왔었다. 낸시는 키신저가 정부의 공직에서 물러나 대학으로 복귀할 결심을 밝힘에 따라 결혼을 승낙했고 두 사람이 결혼식을 올릴 수 있었던 것이다. 그러나 정치적 상황이 키신저의 대학 복귀를 허용하지 않았다.

대통령 선거 과정에서 야당 당사를 도청한 이른바 워터게이트(Watergate)사건으로 미국 역사상 최초로 임기 중의 닉슨 대통령이 현직에서 물러나는 하야 사태가 벌어지게 되었다. 닉슨 대통령은 탄핵의 위기에 몰리게 되자 스스로 사퇴 결심을 하게 되었다. 그는 사퇴 하루 전날 오후 키신저를 백악관으로 불렀다. 1974년 8월 7일 오후 백악관 대통령 집무실(Oval Office)의 독대 자리에서 닉슨은 키신저에게 자신의 사퇴 결심을 밝히고 대통령 직 사퇴 후의 실무적 문제들에 관해서 대화를 나누었다. 키신저는 역사는 닉슨 대통령을 지금 사람들보다 더 우호적으로 평가할 것이라는 말로 대통령을 위로하고 돌아왔다. 키신저는 그 날 저녁 보스턴에서 학교를 다니고 있던 자녀들이 방학이 되어 집에 와있어 가족들과 함께 저녁을 하기로 약속이 돼있었다. 그런데 그 날 밤 9시에 닉슨 대통령은 전화로 키신저가 다시 백악관으로 오도록 불렀다. 두 사람은 그 날 밤 백악관에서 술을 마시며 두 시간 가까이 대화를 나누었다. 닉슨 대통령은 술에 취했다. 그는 퇴임 후의 형사재판에 대해서 우려를 표명하고 정적들에 대한 적개심을 들어냈다. 닉슨 대통령은 키신저에게 같이 무릅을 꿇고 기도하자고 제안했다. 이 때 닉슨 대통령은 기도하며 소리 내어 울었다. 사무실로 돌아간 키신저는 닉슨 대통령의 전화를 받았다. 대통령은 키신저에게 자신이 울었다는 사실을 아무에게도 말하지 말라고 당부했다.[16] 닉슨 대통령의 사임에 따라 두 사람 간 5년 반 동안 계속돼왔던 협력 관계도 마감됐다.

키신저는 대통령직을 계승한 포드(Gerald R. Ford)의 요청으로 계속해서 국무부 장관 직무을 수행했다. 포드 대통령은 국내정치적 혼란과 위기가 국가안보와 대외관계에 미칠 영향을 최소화하기 위해서

16 Bob Woodward & Carl Bernstein, *The Final Days*(New York: Simon & Schuster, 1976), pp. 422-424.

키신저의 역할이 필요하다고 판단했다. 키신저가 포드 대통령 정부에서 계속 일할 수 있었던 것은 그와 포드 대통령 간의 인간적 유대감이 크게 작용했다. 키신저는 그의 회고록에서 당시의 상황을 언급하면서 비상한 상황에서 그에게는 외교정책과 국가안보 문제에 있어서 '대통령에 준하는(quasi-presidential)' 권위가 부여되었었다고 말하면서 포드 대통령과의 관계는 서로 존경과 우정의 유대감을 가지고 있었다고 썼다.[17]

5. 은퇴한 현역

1977년 정부 교체가 이루어져 민주당 카터(Jimy Carter) 대통령 정부가 들어서면서 키신저는 8년 간 일했던 정부의 직책으로부터 물러났다. 그는 1977년 봄 뉴욕의 이스트강(East River)이 내려다보이는 고급 아파트 26층의 넓은 집을 사서 이사했다. 또 전원생활을 위해 코넥티커트(Connecticut)주 북부 켄트(Kent)시 인근의 시골에 50에이커 터의 주택을 마련했다.

하버드대학 정치학과는 그가 8년 간 비워두었던 교수직에 복귀할 것을 제안했다. 특별한 예우는 하지 않고 다른 교수들과 똑같이 책임시간 강의를 하고 작은 연구실에 조교 한 명을 배정하는 조건이었

17 Henry A. Kissinger, *Years of Renewal*(New York: Simon & Schuster, 1999), p. 1060.

다. 키신저는 당시 학장으로 있던 로소브스키(Henry Rosovsky)와 면담하고 우대 조건을 요구했으나 총장 데릭 복(Derek Bok)은 키신저가 대학을 자신의 출세 기반으로 이용하려는 위험 인물이라는 이유로 그의 교수직 복귀를 거부했다. 컬럼비아대학에서도 키신저를 특대교수로 초빙하려고 했다. 그가 회고록을 집필하면서 개인 연구 활동을 할 수 있도록 배려한다는 조건이었다. 그러나 그러한 제의도 학생들이 키신저의 베트남전쟁과 관련된 역할에 대해서 항의하며 그의 교수 초빙을 반대함에 따라 무산됐다. 영국 옥스퍼드대학에서도 초빙 제의가 있었으나 키신저가 수락하지 않았다.

키신저는 대학으로의 복귀를 포기했다. 그렇지만 그는 아직 정력이 넘치는 50대였으며 안이한 전원의 은퇴 생활을 즐길 나이는 아니었다. 다국적 기업, 은행, 언론기관, 정책연구 기관들은 그의 경험과 명성을 필요로 했다. 그는 비록 공직에서 물러났지만 많은 국제기구와 사회단체에서 공식, 비공식으로 고문, 자문, 또는 명예 임원으로 활동했다. 그는 자신이 직접 국제 컨설턴트 회사 '키신저 어소시에이츠(Kissinger Associates Inc.)'를 설립하여 해외 다국적 기업들의 상담역과 로비스트로 활동하기도 했다. 그가 퇴직한 후 네 차례나 공화당 정부가 들어섰지만 그를 다시 정부로 부르지는 않았다.

키신저는 그가 정부에 참여했던 경험과 견문한 지식을 바탕으로 회고록을 집필하고 국제정치 및 외교정책에 관한 저술을 하는 일에 힘을 쏟았다. 그는 그가 정부에 참여했던 8년간의 미국 외교정책 전개 과정과 그의 개인적 경험들을 집대성한 총 4000여 페이지에 달하는 세 권의 회고록을 출간했다. 닉슨 대통령 정부 제1기를 다룬 『백악관 시절』, 닉슨대통령 제2기를 다룬 『격변의 시기』, 그리고 포드 대통령 시기를 다룬 『갱신의 시기』가 그것이다.[18] 키신저는 회고록 마지막 권 『갱신의 시기』는 소련이 붕괴하고 냉전체제가 해체된 후에 썼는데 여기서 그는 자신이 추구했던 긴장완화 정책이 소련의 붕괴를 촉진했다고 주장했다. 그러나 그는 그가 정부에 있었을 당시에는 소련의 붕괴를 내다보지 못했던 것이 사실이다.

키신저는 말년에 더욱 왕성한 저술 활동을 보여주었다. 그는 1994년에 『외교』, 2001년에 『미국은 외교정책을 필요로 하는가?: 21세기를 위한 외교』, 2003년에 『베트남전쟁 끝내기: 미국의 베트남전쟁 개입과 탈출의 역사』와 『위기: 두 번의 주요 외교정책 위기 해부』, 2011년에 『중국에 관하여』를, 그리고 2014년에 『세계질서』를 출간했다.[19] 90세를 훌쩍 넘긴 나이에도 불구하고 그의 학구적 열정은 식지 않았음을 보여주고 있다. 그가 말하는 세계질서관이란 '힘의 정의로운 배치와 배분'을 규정하는 개념이며 국제질서란 그러한 개념을 구체적으로 적용하는 것을 의미한다. 그에 따르면 국제질서 체제

---

18 Henry A. Kissinger, *White House Years*(Boston: Little Brown, 1979); *Years of Upheaval*(Boston: Little Brown, 1982); *Year of Renewal*(New York: Simon & Schuster, 1999).

19 Henry A. Kissinger, *Diplomacy*(New York: Simon & Schuster, 1994); *Does America Need a Foreign Policy?: Toward a Diplomacy for 21st Century*(New York: Simon & Schuster, 2001); *Ending the Vietnam War: A Hitory of America's Involvement in and Extrication from the Vietnam War*(New York: Simon & Schuster, 2003); *Crisis: The Anatomy of Two Major Foreign Policy Crisis*(New York: Simon & Schuster, 2003); *On China*(New York: Penguin, 2011; 권기대 역, 『중국 이야기』(민음사, 2012); *World Order*(New York: Penguin, 2014); 이현주 역, 『헨리 키신저의 세계질서』(민음사, 2016).

는 정당성(legitimacy)과 힘(Power)으로 구성된다. 다시 말해서 국제질서는 모두가 승인하는 일련의 행동의 한계를 규정하는 규칙들과 그러한 규칙의 파기를 억제하는 힘의 균형에 의해서 이루어진다는 것이다. 그런데 역사의 사례를 보면 국제질서는 정당성을 재규정하는 대안적 세계질서 개념을 혁명적으로 적용하려는 시도들 또는 세력 균형의 중대한 변화에 의해서 도전받아왔다. 그렇기 때문에 정당성과 힘 간의 복잡한 균형을 관리하는 일이 세계를 경영하는 리더십과 외교적 과제의 요체라는 것이다. 키신저는 또 오늘날 핵무기 등 대량살상무기의 확산, 환경파괴, 인종갈등, 기술 발전에 대한 인간적 통제의 한계 등과 같이 국제질서의 변화와 적응을 요구하는 도전들을 지적하면서 그러한 중요한 지구적 과제를 감당하는 세계경영의 리더십이 필요함을 역설한다. 그는 다자간의 협의는 거시적 전략을 만들어내는 데는 부적합하기 때문에 강대국들 간의 협의와 협력을 이루어낼 수 있는 효과적인 매카니즘으로 국제체제를 재구축하는 것이 필요하다고 주장한다.

키신저는 그의 마지막 저서가 될지도 모르는 『세계질서』의 결론을 그의 하버드대학 학부 졸업논문의 주제였던 '역사의 의미'에 대한 소감으로 마무리하고 있다. 그가 터득한 사실은 역사의 의미가 일방적으로 선언되거나 주장할 수 있는 것이 아니라 발견되고 추구해 가야할 문제라는 것이다. 그러므로 그는 정치지도자들이 문제의 해답을 찾고 결정을 내릴 때 토론의 과제로 열려있는 역사를 염두에 두어야한다고 충고한다. 키신저는 자신의 경험담 가운데 대학교수 시절에는 역사가 비인격적인 힘 또는 세력에 의해서 진행되는 것으로만 이해했는데 실제로 정책도 다루고 외교도 해보니 사람에 따라 차이가 난다는 것을 알게 됐다고 고백한 적이 있다.[20] 사람공부의 의의를 일깨워주는 체험적 교훈으로 이해된다.

20 Walter Isaacson, 앞의 책, p.13.

정치학자 열전

학문과 참정의 삶

중국 정치학자들

張奚若 · 錢端升 · 羅隆基

혁명과 전환시대 중도파 민주 지사

1. 배움의 여유와 참정의 기회
2. 장시루오(張奚若): 계몽형 친체제 무당파
3. 첸두안성(錢端升): 비판형 준체제 초당파
4. 루오롱지(羅隆基): 변혁형 반체제 중간파
5. 학문태도와 참정의 방식

중국 정치학자들
張奚若·錢端升·羅隆基

•

혁명과 전환시대 중도파 민주 지사

1. 배움의 여유와 참정의 기회

중국 역사상 20세기 전반은 전통적인 구질서가 붕괴되고 근대적인 신질서가 등장하는 과정에서 총체적인 체제전환을 경험하는 격동의 시기였다. 이 시기 중국에서는 새로운 공화제의 실험, 국가체제의 분열과 전쟁, 사회주의 혁명과 권위주의 정권의 강화, 그리고 산업화와 민주화로 이어지는 급격한 정치사회적 변동 과정에서 사회갈등과 권력투쟁을 반영하는 급진적 제도 변혁이 진행되었다. 이와 더불어 또 한편으로는 서구의 근대 사상과 학문을 도입 모방하여 그것을 중국사회 발전에 응용하기 위한 새로운 학문제도의 창설과 지식체제의 획기적인 전환이 이루어졌다. 중국 정치학의 성립과 발전 과정은 정치사회적 개혁을 위한 근대적인 제도적 대안과 그를 뒷받침하는 이념적 근거를 모색하던 개혁가 지식인 엘리트들에 의해서 추진된 서양 학문의 학습 과정을 통해서 이루어졌다.

우리는 정치학자의 삶에 대한 평전적 고찰을 통해서 20세기 전반 중국 정치학의 존재와 상황을 확인해 볼 수 있다. 초창기 중국 정치학자 세대의 존재와 그들이 살았던 삶의 편모는 체제전환기 중국정치와 중국 정치학의 상황을 통찰할 수 있는 기회와 영감을 준다. 그들의 삶은 전통과 근대, 서양과 동양, 혁명과 개혁, 전쟁과 평화, 이상적 목표와 현실적 조건, 대의명분과 사적 이해, 보수적 이념과 진보적 가치 간의 관계를 성찰하면서 정치학과 정치체제, 정치학자와 정치가, 정치적 이론과 실천, 지식과 권력, 학술과 정책, 비판과 참여 역할 간의 경계와 가교를 확인해볼 수 있는 좋은 사례이다.

여기서는 20세기 전반기를 대표할만한 초창기 중국 정치학자 세 사람, 즉 장시루오(張奚若), 첸두안성(錢端升), 그리고 루오룽지(羅隆基)의 학문적, 정치적, 그리고 개인적인 삶을 살펴보려고 한다. 이들을 고찰 대상으로 선정한 이유는 다음과 같다. 첫째로, 이들 세 사람은 중국 정치학의 역사에서 초창기 학문제도를 대표할 수 있는 베이징대와 칭화대, 그리고 서남연합대의 정치학과 건설과 발전을 주도한 지도적인 학자들이었다는 점이다. 둘째로, 세 중국 정치학자는 약간의 나이 차가 있지만 동시대인들이었고, 모두 서구 국가에 유학하여 정치학을 배우고 귀국하여 대학교수직 경험을 가졌으며 동기는 다르지만 모두 현실정치에 참여했다는 점, 그리고 분단 국가체제가 확립된 1949년 이후에 다 같이 대륙에 잔류하였다는 점 등 많은 공통된 경력을 가지고 있다. 이들은 동료 학자로서, 그리고 정치적 동지로서 서로 간에 많은 교류가 있었을 뿐만 아니라 깊은 우정을 나누는 관계였다. 이들은 모두 정치학자로서 학문과 정치의 영역을 경험했다는 점에서 '배움의 여유와 정치적 참여 기회(學而優則仕)'를 모두 누렸으며 그렇기 때문에 이들의 삶은 정치와 정치학의 역할에 관해서 많은 시사와 교훈을 줄 수 있을 것으로 기대된다는 것이다. 셋째로, 이들은 공통된 시대적, 정치사회적 배경과 경력에도 불구하고 서로 다른 학문적, 정치적 입장 때문에 인생의 명운이 엇갈리기도 했다. 이들이 보여준 서로 다른 학문 태도와 정치적 입장 차이는 정치학자의 삶에 관한 비교적 성찰의 자료를 제공한다는 것이다.

여기서는 정치학자로서의 삶을 분석하는 기준으로 학문 태도와 지향, 정치참여 태도와 동기, 그리고 당파적 태도와 입장 등 세 차원을 염두에 두고 세 사람의 사례를 검토하려고 한다. 학문 태도 차원은 정치사회 문제와 연관시키는 학문 활동의 지향성에 따라 '계몽형', '비판형', 그리고 '변혁형'으로, 정치참여 태도 차원은 정권 또는 체제와의 친소관계에 따라 '체제순응형'(또는 '친체제', loyal), '체제비판형'(또는 '준체제', semi-loyal), 그리고 '체제창조형'(또는 '반체제', disloyal)으로, 당파적 입장 차원은 기존의 정치적 당파에 대한 태도나 관계에 따라 '무당파(無黨派)', '초당파(超黨派)', 그리고 '중간파(中間派)'로 유형화하여 적용해보기로 한다.

2. 장시루오(張奚若): 계몽형 친체제 무당파

장시루오(1889-1973)는 여기서 살펴보려는 다른 두 사람의 정치학자들 보다 10년 정도 앞서 출생한 연장자지만 만학으로 그들과 같은 시기에 활동했다. 그의 자(字)는 시루오(熙若)이며 산시성(陝西省) 출신이다. 그의 부친은 중의(中醫)로 비교적 부유한 가정에서 태어나 유년 시절에는 사숙(私塾)에서 전통적인 학문을 배우다가 20세가 되어 늦게 상하이(上海)의 신식 학교인 현화전수학당(現化專修學堂)에 입학하여 신학문을 배우기 시작했다. 청년시기 그는 신해혁명(辛亥革命) 전 쑨원(孫文)이 주도하는 '중국동맹회(中國同盟會)'에 가입하여 혁명활동 중 체포, 투옥되기도 했다.[1] 신해혁명 후 쑨원이 잠시 민국 정부의 총통직을 사임하고 '중국철로총공사(中國鐵路總公司)'를 설립하여 독판(督辦)으로서 전국적인 철도망 건설 사업을 추진할 때 잠시 순원을 따라 철도 사업에 참여했다가[2] 보수파의 반동을 초래한 혁명 후의 정세에 실망하고 1913년 미국 유학의 길을 떠난다.

장시루오는 24세의 비교적 늦은 나이에 정치학 공부를 시작하여 미국 컬럼비아대학(Columbia University)에서 학사와 석사학위를 받았다.[3] 그는 미국 유학 후 유럽 국가들을 돌아보는 학술 여행을 하면서

---

1 陳哲夫 等 主編, 『現代中國政治思想流派(上卷)』(北京: 當代中國出版社, 1999), pp. 431-445.

2 Maric-claire Bergere (trans. by Janet Lloyd), *Sun Yat-sen* (Stanford: Stanford University Press, 1998), pp. 235-236.

3 蕭超然 等 編, 『北京大學政治學與行政管理系史(1898-1998)』(北京, 1998), p. 42.

유학생 애국활동에도 참가하는 등 견문을 넓힌 후 귀국한다. 그는 귀국 후 대학에서 강의를 하거나 학문 활동을 하기 전 국민당 정부에 참여하여 관리 생활을 하게 되는데 당시 교육부장 이었던 차이위안페이(蔡元培)와 더불어 교육부 고등교육처장으로 일했다. 그는 그 후 난징(南京) 종양대(中央大) 교수를 거쳐 1929년 40세에 막 국립대학 체제로 개편된 칭화대(清華大) 정치학과 교수로 취임했다. 칭화대 정치학과는 당시 미국유학 후 귀국한 신진 학자들로 구성된 최고의 교수진을 자랑하고 있었다. 장시루오는 이어 베이징대 정치학과에도 출강하게 되어 중국의 두 최고 명문대 정치학과에서 서양정치사상사 강좌를 담당하며 본격적인 학문 활동을 계속했다.

중일전쟁이 확대됨에 따라 정부가 총칭(重慶)으로 옮겨가고, 베이징대(北京大), 칭화대, 난카이대(南開大)도 1938년 쿤밍(昆明)으로 옮겨 가 전시 임시 통합대학인 '서남연합대학(西南聯合大學)' 체제로 개편되었는데 이때 장시루오는 서남연대의 통합된 정치학과 주임을 맡게 된다. 그는 2차 세계대전 종전 후 1946년 대학들이 본교로 복귀할 때 까지 전시의 정치학과를 이끌다가 북경으로 복귀한 후에도 계속 칭화대 정치학과 주임을 맡았다. 대학에서 그는 주로 서양정치사상사를 연구하고 가르쳤는데 특히 플라톤(Plato)과 루소(Jean-Jacques Rousseau)의 정치철학에 조예가 깊었다. 그는 특히 루소를 '혁명의 교주', '자유의 신'이라고 예찬하고 그의 인민주권론를 강조했다고 한다.[4]

4 위의 책, p. 42.

장시루오는 연구와 논문 집필 보다는 교육과 강의를 더 중시했다. 그는 강의노트 없이 메모지만 가지고 강의를 했는데 그의 강의 내용은 매우 충실하고 학생들에게 많은 영감을 주었다고 한다. 그 는 심지어 오래 동안 강의했던 서양정치사상사의 교과서조차도 집필하지 않았지만 그 권위를 인정받았다.[5]

장시루오는 주로 서양의 근대 민주정치사상에 관한 학술논문을 발표했는데 주권론, 자연법사상, 사회계약론, 그리고 인권론을 주제로 한 것이었다. 그는 학술적인 논문 외에도 정론잡지 등에 민주주의를 옹호하는 시사평론을 발표하는 정치사회적 계몽 활동에도 적극 참여했다.[6] 장시루오는 보다 원대한 문제에 착안하는 학문적 태도를 강조한 엄격한 교수였지만 '학이치용(學而致用)'을 중시하는 실용주의자이기도 했다. 그는 정치학과 학생들에게 개혁가가 되라고 권고했다. 그는 정치학을 공부하는 목적에 세 가지 계층이 있다고 말했다. 즉 상책은 사회개혁가가 되는 것이고 중책은 정치학자가 되는 것, 그리고 세력을 좇고 관직을 추구하는 것은 하책이라는 것이었다.[7]

장시루오의 정치적 입장과 처신은 그의 민주주의에 대한 신념과 사상 그리고 그의 강직한 성품을 반영했다. 그의 정치사상적 입장은

---

5 孫宏雲,『中國現代政治學的展開: 清華政治學系的早期發展(一九二六至一九三七)』(北京: 三聯書店,, 2005), p. 185.

6 1930년대 중국에서 전개됐던 이른바 '독재와 민주' 논쟁에 참여했던 그의 정치평론들은 그의 탄생 100주년을 기념하여 출간된 문집, 孫敦恒 等 編,『張奚若文集』(北京: 清華大學出版社, 1989)에 재수록 돼 있다.

7 杜汝楫, "懷念尊敬的張奚若老師," 孫敦恒 等 編 , 위의 책, p. 473.

그가 추구한 학문의 당연한 귀결로 자유민주주의였다. 중국에서는 그가 '애국주의 사상', '개인주의 정치철학', 그리고 '권력제한 민주 사상'을 신봉한 '부르주아민주주의자(資産階級民主主義者)'로 규정되고 있다.[8] 그는 강직한 성품과 직선적인 언행, 그리고 엄격한 생활 태도 때문에 '네모꼴(四方形)' 또는 '모서리 선생(角先生)'이라는 별명이 붙기도 했다.[9] 그의 강직한 성품과 분명한 정치적 처신을 보여준 에피소드가 하나 전해지고 있다. 그는 항일전쟁 시기 잠시 국민당 정부의 '국민참정회(國民參政會)'에 참정원으로 참여하였는데 후에 장제스(蔣介石) 정권이 독재화하자 개인독재와 정부의 부패를 정면으로 비판하면서 회의 출석을 거부했다. 당시 그는 송금해온 회의 수당과 여비를 반환하는 깐깐한 처신으로 정치적 입장을 분명히 했다고 한다. 그가 대학에 몸담은 이래 꿋꿋하게 학문의 길을 걸으면서 학자로서 존경을 받았고 한때 정부에 참여하기도 했지만 일관되게 '무당파(無黨派)'의 입장을 견지한 것도 그의 그러한 개인적 성품과 무관하지 않다.

2차 세계대전 종전 후 그는 베이징대 정치학과 첸두안성 교수와 더불어 국민당과 공산당에 다 같이 내전중지와 1당 통치 개인독재 반대를 주장하면서 시국타개를 위해 정치협상회의 소집을 지지하는 교수들의 건의 활동을 주도했다. 그는 1946년 초 총칭에서 소집된

---

8 陳哲夫 等 主編, 앞의 책, pp. 272-274.

9 劉宜慶, 『絶代風流: 西南聯大生活錄』(北京: 北京航空航天大學出版社, 2009), p. 121.

이른바 '구 정치협상회의'에 무당파(사회유지) 대표로 참가했다. '구 정협'은 1949년 사회주의 정권 수립을 지지하기 위해서 베이징에서 소집됐던 '신 정협' 과는 다른 것이다. 당시 '구 정협'에는 각 당파에서 모두 38명의 대표가 참가했는데 국민당 8명, 공산당 7명, 민맹 9명, 청년당 5명, 사회유지 9명이었다. 그는 당시 특별히 성명을 발표하여 자신이 신해혁명 시 '중국동맹회'의 회원이었지만 국민당에 가입한 사실이 없음을 해명하기 까지 하면서 무당파임을 강조했다. 그는 서남연대 시절 학과 주임 이상의 보직 교수들이 일괄 국민당에 가입신청을 하도록 하라는 정권의 압력과 대학 당국의 지시를 거부하고 정치적 신조를 지켰다고 한다.[10]

장시루오는 대륙에 잔류하여 1949년 사회주의 정권 수립에 참여하였고 정권 초기 중앙정부 위원, 정무원 법정위원회 부주임, 교육부장, 대외문화연락위원회 주임, 외교학회 회장 등을 역임했다. 그는 또 두 번 전국인민대표대회 대표로, 네 번 전국인민정치협상회의 위원으로 선출되었다.[11] 그는 정부에 참여했지만 당파적 입장을 취하지 않고 정치적 야심을 적극적으로 들어내지 않는 분수를 지키는 태도 때문에 권력투쟁 과정에서 피해를 면할 수 있었다. 그러나 그는 정권의 들러리로 이용되는 주변적 역할에만 머물지는 않았던 것 같다. 예컨대 그가 중요한 국가정책 문제에 관해서 공산당 최고 지

10 蕭超然, 앞의 책, p. 43.

11 中國大百科全書出版社編輯部,『中國大百科全書(政治學)』(北京:中國大百科全書出版社, 1992), pp. 466-467.

도자들에게 지식인으로서 전문가적 자문과 직언을 할 수 있는 기회가 있었고 그들과 친밀감을 유지했다는 사실을 짐작케 하는 일화가 있다. 칭화대 졸업생으로 미국 컬럼비아대에서 역사학 박사학위를 받고 시카고대(University of Chicago) 역사학과 교수로 오래 동안 연구하며 가르치다가 타이완으로가 중앙연구원 원사로 활동했던 허빙디(何炳棣)는 그의 회고록 속에서 그의 친구이며 장시루오의 칭화대 정치학과 대학원 제자로 사제 간의 친밀한 관계를 가졌던 한 사람으로부터 전해들은 장시루오와 마오쩌둥(毛澤東)과의 관계에 관한 비화를 적고 있다. 그 내용은 두 사람이 한국전쟁 시 파병문제로 심야토론을 벌였다는 것인데 당시 장시루오는 마오쩌둥에게 건의하면서, 독일이 두 번 일본이 한 번 미국에 도전했다가 패했다는 역사적 교훈, 미국은 저력이 있는 나라이기에 가볍게 생각하고 적대해서는 안될 것이라는 점, 그리고 중국은 건국사업에 매진해야 하는데 전쟁을 감당하기 어렵다는 점 등의 이유를 들면서 파병 반대를 설득하려했었다는 것이다.[12]

장시루오는 대학에서는 원칙을 지키는 강직한 학자였고 정부에 참여할 때는 당파와는 거리를 유지하는 유연성을 보여주었다. 그가 정치적으로는 그의 웅지를 다 펴지 못 했을지 모르지만 개인적으로는 격변의 전환기에 큰 굴곡 없이 무난한 학문적, 정치적 삶을 누리고 천수를 다할 수 있었던 것은 그의 원만한 인품 때문이 아니었을

12 何炳棣, 『讀史閱世六十年』(桂林: 廣西師範大學出版社, 2009), pp. 178-180.

까 여겨진다. 그는 자신의 생활 태도나 처신에 대해서는 매우 엄격했고 정치적 불의에 대해서는 준엄하게 비판하고 직언을 서슴지 않았다. 그래서 그의 그런 태도가 깐깐하고 모나게 비쳐졌을지 모르지만 그의 인간적 교유의 폭은 넓었던 것 같다. 일생을 통하여 그와 가장 친밀했던 동업자였다고 말할 수 있는 첸두안성이 정치적으로 '우파분자'로 지목되어 어려운 생활을 할 때 사적인 정의를 저버리지 않고 찾아가 위로했던 일화가 그 예의 하나다.[13] 장시루오와 미국 컬럼비아대에서 유학생활을 같이 했던 철학자 진위에린(金岳霖)은 그의 인품을 평가하면서 그는 '네모꼴'이었지만 그 네모꼴은 변이 길었기에 면적이 매우 넓었다고 회고하면서 그는 서양 문화를 배운 해외 유학생이었지만 중국적 풍모와 인격을 간직한 사람이었다고 평했다고 한다.[14]

3. 첸두안성(錢端升): 비판형 준체제 초당파

첸두안성(1900-1990)은 여기서 살펴보는 세 사람의 중국 정치학자 중에서 가장 오래 그리고 늦게 까지 살면서 학자로서의 용기와 인내의 모범을 보인 대표적 인물이다. 첸두안성은 장수성(江蘇省) 송장

---

13 錢大都 等, "回憶我們的父親," 趙寶煦 等 編 『錢端升先生紀念文集』(北京: 中國政法大學出版社, , 2000), pp. 50-55.

14 劉宜慶, 앞의 책, pp. 50-55.

푸(松江府)(오늘의 上海 지역)에서 태어났다. 그는 부친이 의사인 비교적 부유한 가정에서 자랐고, 유년 시절 신식 학교에 입학하기 전에 사숙에서 전통적인 학문을 배웠다. 그는 상하이의 사립 난양중학(南洋中學)을 졸업한 후 미국 유학 예비학교였던 베이징의 칭화학당(淸華學堂)(칭화대학의 전신)에 입학 2년을 수료한 후 1919년 관비 유학생으로 선발되었고 미국의 노스 다코다(North Dakoda)대학에 입학하여 유학생활을 시작하였다. 첸두안성은 동 대학을 졸업한 후 하버드대학(Harvard University) 대학원에 진학하여 1924년 정치학박사 학위를 받았다. 그의 학위논문 제목은 '의회 위원회: 비교정부 연구(Parliamentary Committees: A Study in Comparative Government)'이었다.[15]

첸두안성은 박사학위를 받고 바로 귀국하여 1924년 가을 비교적 젊은 나이인 24세에 4년제 대학으로 개편된 칭화대학의 정치학과 교수로 취임했다. 그는 또한 1927년 봄부터 베이징대에 출강하게 되어 두 명문 대학의 정치학 교수직을 겸했다. 그러나 그해 가을 그는 당시 베이징지역을 관장하고 있던 장주오린(張作霖) 군벌정부가 대학 개편 조치를 취함에 따라 난징 종양대 교수로 자리를 옮겼다. 그는 1929년 가을 국민당원들 간의 파벌 다툼과 학생들의 동맹휴학으로 교내 분규가 발생함에 따라 교수직을 사임하는 등 혼란기 학문생활의 우여곡절을 겪었다. 그는 잠시 대학을 떠나 언론 활동과 개인적인 연구생활을 하다가 1934년 가을 종양대에 다시 복직하였다.

15 당시 그의 미국명은 Thomson S. Chien으로 돼있다. 첸두안성의 연보와 이력에 관해서는 『中國大百科全書(政治學)』, 앞의 책, pp. 289-290 ; 錢端升, 앞의 글, 1991 pp. 693-704를 참조.

쳰두안성은 종양대에서 '행정연구자료실'을 창설하고 중국의 정부 제도 연구에 몰두했는데 1937년 그가 베이징대로 자리를 옮기고 이어 서남연합대에 합류하면서 발전시킨 '행정연구실'은 후에 중국 행정학 연구의 기초가 되었다.[16] 쳰두안성은 1937년 베이징대 교수로 부임하자마자 중일전쟁이 발발함에 따라 난징 국민당 정부의 특사로 미국 영국 프랑스 등을 순회하면서 항일 선전과 원조 요청의 외교활동을 수행하는 사절단에 참여한 후 1938년 서남연대에 합류하게 된다.[17]

쳰두안성은 주로 1930년대부터 1940년대 중반까지 왕성한 연구와 저술 활동을 했는데 특히 비교헌법, 비교정부 등 정치제도에 관한 저서와 논문들을 많이 발표했다. 그는 『미국정치학회지(APSR)』와 『태평양잡지(Pacific Affairs)』에 영문으로 논문을 발표하는 등 국제적 명성을 얻은 학자였다. 그의 영문 저서『중국 정부와 정치: 1912-1949』(The Government and Politics of China: 1912-1949)가 하버드대 출판사에서 출판되기도 했다.[18] 쳰두안성은 그의 탁월한 학문적 업적 때문에 후학들로부터 초창기 중국 정치학의 기본 틀을 수립하고 비교정치 연구에 개척적인 공헌을 한 학자로 평가받고 있다.[19]

---

16 蕭超然, 앞의 책, pp. 56-59.

17 錢端升, 앞의 글(1991), p. 697.

18 그 책은 쳰두안성이 하버드대에 방문학자로 가 있던 1947-8년간에 쓴 것인데 1950년에 출간됐다. 이 책의 출간 경위에 관해서는 John King Fairbank, *Chinabound: A Fifty Year Memoir* (New York: Harper & Row, 1982 p. 322 참조. 쳰두안성의 중요 저술은 錢端升, 앞의 책(1991)에 재수록 돼있다.

19 張桂琳, "終生的追究, 卓著的貢獻: 錢端升先生與中國現代政治學", 趙寶煦 等 編,『錢端升先生紀念文集』(北京: 中國政法大學出版社, 2000), pp. 56-68.

첸두안성은 평생 학문적 추구에 몰두한 학자였지만 연구실만을 지킨 서생만은 아니었다. 그는 시대의 정치사회 문제에 관한 발언과 행동적 참여를 감행하는 용기도 있었다. 그는 학술적 저술 외에도 정론 매체의 창간과 편집을 주관하기도하고 그를 통해서 많은 시사적 평론을 발표했다. 그는 2차 세계대전 종전 직후인 1945년 11월 쿤밍의 서남연대 교정에서 내전의 중단과 연합정부 수립을 주장하는 학생들의 시위를 지지하는 시국강연회에 참가하여 국민당 정부 군대가 행사장을 포위하고 총성이 울리는 삼엄한 분위기에서도 자유를 외치는 웅변으로 청중들을 감동시키는 용기를 보여주었다.[20]

첸두안성은 1947년 말 미국으로 가 하버드대에서 방문학자로서 연구생활을 하다가[21] 1948년 말 국민당의 패색이 짙어지는 상황에서 몇몇 미국 지인들의 만류에도 불구하고 돌연 베이징으로 귀국했다. 그는 후일 그의 자서전적인 회고의 글 속에서 당시의 심정을 "국공내전이 치열한 가운데 미국 우인의 미국 잔류 권유가 있었지만 새로운 중국의 서광을 보았기에 귀국을 결심했다"고 적고 있다.[22] 당시 그는 하버드대에서 2차 대전 중 칭화대학에서 강의도 하고 중국 주재 미국대사관에서 외교관으로 근무할 때 중국 지식인들과 광범하게 교류했던 페어뱅크(John King Fairbank) 교수와 공동연구를 하고 있

20 劉宜慶, 앞의 책(2009), pp. 219-220.
21 John King Fairbank, 앞의 책(1882), pp. 321-322.
22 錢端升, 앞의 글(1991), pp. 698-699.

었다. 그는 변혁의 시대를 읽고 그러한 변화의 흐름에 스스로 적응하려는 용기 있는 선택을 한 것이다. 당시 귀국이 그에게는 쉽지 않은 선택이었을 것이다. 그는 공산주의자가 아니었고 공산당을 지지하지도 않았다. 오히려 그는 개인의 자유와 민주주의의 가치가 소중함을 아는 지식인 이었다. 그렇지만 그는 그가 적극적으로 반대했던 부패한 국민당 독재정권을 향해 발길을 옮기기에는 그들과 거리가 너무 벌어져 있었다. 그러한 딜레마를 해결하는 방법으로 미국 체류를 선택할 수도 있었다. 그러나 결국 그는 대중적 지지를 배경으로 하는 새로운 국가체제 건설에 참여함으로써 지식인의 자존심을 지키면서 '민주인사'로 대접받을 수 있다는 생각을 했음직도 하다. 어찌됐든 그는 중요한 결심의 순간에 정치적 이해타산 보다는 지식인으로서의 명분과 역사적 소명을 따랐고 무엇보다도 그의 학문적 활동 전망을 고려했던 것이 아닌가 여겨진다.

첸두안성은 1948년 11월 귀국 후 곧바로 베이징대 법학원 원장으로 취임했다. 1949년 1월 공산군이 베이징에 진입하게 되고 사회주의 정권 수립이 진행되면서 그는 베이징에서 소집된 '신 정치협상회의'에 사회과학계의 대표로 참가하였다. 1949년 10월 1일 중화인민공화국 수립이 선포되면서 그는 중앙인민정부 정무원 교육위원회 위원, 베이징시 정협 부주석, 인민외교학회 부회장 등으로 참여했지만 계속 베이징대 정치학과를 지켰다. 그러나 1952년 대학교육 체제의 대대적인 개편에 따라 모든 대학의 정치학과가 폐지되면서 그는 사실상 학문과 연구 활동을 중단하지 않을 수 없었다.[23] 1952년 이후 그는 학문 활동 보다는 주로 외교활동과 정부 기관 등에서의 법률자문 활동에 치중하게 되었다.

그는 현실정치와 조화할 수 없는 순수한 학자였기 때문에 오히려 학문의 지속을 위해서 정치적 변절과 사상적 전향도 마다하지 않는 인고의 생활을 자초했지만 그의 기대는 꿈에 불과했을 뿐 실현되지 않았다. 그런 점에서 그는 학자적 용기와 정치적 비굴 사이를 오락가락한 '천진한' 정치학자였다.[24] 공산당은 정권 수립 후 대학교육체제의 개편과 병행하여 사상개조 운동을 전개하였는데 그 일환으로 대학교수 등 지식인들의 정치학습과 자아비판이 진행되었다. 첸두안성은 정권의 그러한 정책에 부응하여 지식인들의 사상개조에 적극적으로 참여하도록 요구받았다. 그는 자신의 부르주아적 계급의식을 반성하고 마르크스 레니주의와 마오쩌둥 사상으로의 전향을 다짐하는 자아비판의 글을 공개적으로 발표하였다. 이 글 속에서 그는 베이징대학의 '사상자유', '학문자유'의 전통을 비판하기도 했다.[25] 그는 새로 수립된 정권의 정책에 적극 부응한 보상으로 1952년 신설된 베이징정법학원(北京政法學院) 초대 원장에 임명되고 해외선

23 위의 글, p. 699.

24 謝泳,『逝去的年代: 中國自由知識分子的命運』(北京: 文化藝術出版社, 1999), pp. 10-12.

25 첸두안성의 글 "我改造自己更好地服務祖國而學習" 은 人民日報(1951년 11월 6일자)와 光明日報(1951년 11월 20일자)에 게재됐다. 그 내용에 대한 분석은 Charlmers Johnson, "An Intellectual Weed in the Socialist Garden: The Case of Chien Tuan-sheng," *China Quarterly, 6* (April-June, 1961), pp. 37-38; 陳夏紅, "錢端升: '我大大錯了'," 『二十一世紀』(2006年 1月號) 참조.

전을 위해 창간된 영문 잡지 China Reconstructs의 편집인을 맡게 된다. 그는 1954년 9월 제1기 전국인민대표대회 대표로 선출되고 헌법기초위원회 고문을 맡았다. 1956년까지 그는 국제회의 참가, 대외선전 및 문화교류 등을 통한 외교활동에 적극 참여했다.

첸두안성은 그의 사회정치적 활동이 확대되면서 민주당파와의 관계를 맺게 되었다. 그는 1952년 지식인들이 다수 참여하고 있던 대표적인 민주당파인 '중국민주동맹'(약칭 '民盟')에 가입하여 1956년에는 중앙위원회 상무위원에 선출되었다. '민맹'과의 관계 때문에 그는 1957년 이른바 '반우파운동(反右派運動)' 과정에서 '우파분자'로 지목되어 베이징정법학원 원장 등 모든 공직으로부터 추방당하고 수난을 겪었다. 1956년 2월 소련공산당 20차 대회 이후 스탈린의 개인숭배에 대한 비판과 격하 운동이 전개되면서 폴란드, 헝가리 등 동유럽 국가들에서 민주화 운동이 촉발되었다. 이 때 중국에서도 공산당이 사상의 자유와 민주적 참여 방침을 내세우는 이른바 '백화제방백가쟁명(百花齊放百家爭鳴)' 운동을 전개하여 당 외의 인사가 참여하는 '정풍운동(整風運動)'을 시도했다. 중국의 민주당파와 지식인들은 공산당의 그러한 방침에 고무되어 적극 동조하면서 법치와 민주화를 요구하는 의견을 개진하는 등 자신들의 정치적 역할 확대의 기회로 삼으려 했다. 그러나 그러한 운동의 배후에는 잠재적 반대세력을 색출하여 타격하려는 공산당의 이른바 '뱀을 굴에서 유인해 내려는(引蛇出洞)' 계략이 숨어 있었다. 1957년부터는 민주당파와 지식인들의 움직임에 대한 공산당의 반격 즉 이른바 '반 우파 투쟁'이 전개됐는데 그 주요 대상이 바로 '민맹'이었던 것이다. 이 반 우파 운동은 1960년대 후반의 '문화대혁명(文化大革命)'으로 이어지는 재난의 시작이었는데 이후 자유주의 지식인들에 대한 정권의 억압은 더욱 가속화됐다.[26]

반 우파 운동 기간 첸두안성은 혹독한 정치적 비판을 받고 또 한 차례 자신의 과오를 고백하는 '자아비판'의 글을 발표했다. 그를 고발하고 비판한 죄상의 내용은 주로 '민맹' 활동과 관련된 것, 이를테면 겉으로는 공산당에 협력하는 척하면서 실제로는 공산당을 비방하고 공산당의 지도를 거부하며 민맹을 강화하여 공산당에게 적대하려 했다는 것이었다. 당시 그를 고발하고 비판한 내용 중에는 사실 여부가 확인되지 않은 그의 개인주의적인 생활 태도라든지 속물적인 처세, 그리고 미국 첩자 및 장제스 정권과의 연루 의혹 등과 같은 것들에 관한 폭로가 포함돼 있었다. 예컨대 1939년 출간된 그의 저서 『민국정제사(民國政制史)』가 사실은 공동연구로 집필된 것인데 지신의 저서로 출판한 것은 정직하지 못한 학자의 태도였다고 비난한 점, 2차 세계대전 종전 직후 장제스 국민당 정부의 외교부장으로 있던 왕스제(王世杰)의 추천으로 교육부장 또는 호주대사로 임명받으려고 엽관운동을 했다고 비판한 점, 그리고 장제스 정권에 대한 미국의 지지를 구하기 위해서 노력하고 제국주의 침략자들의 힘을 선전하는데 앞장섰다고 비난한 점 등이 그것이다. 심지어 그를 비판한 내

26 朱正, "一九五七: 中國現代知識分子的消失," 『當代中國研究』(2007年 第3期).

용 중에는 그가 정법분야의 우파 학자들을 규합하여 대학 내의 정법분야 조직 확대, 이를테면 베이징대에 국제관계학과의 신설과 국제법 강좌의 재 설강을 기도했다는 지적도 포함돼 있다.[27] 체두안성은 자신의 '과오'를 고백하는 자아비판의 글 속에서 자신이 1937년부터 1948년까지 네 차례 미국을 방문하였고 그 기회에 '미국의 첩자 교수' 페어뱅크(John King Fairbank)와 접촉을 갖고 '장제스 반동정권'을 지지하도록 추구했음을 시인했다. 그는 또 자신이 교수라는 존경의 가면 속에서 정치적 야심을 추구한 '학자의 탈을 쓴 야심가 정치인'이었으며 그러므로 '당과 인민에 대한 죄인'이라고 자책했다.[28]

챈두안성은 권력투쟁 과정에서 정권에 의해 속죄양으로 희생당한 대표적 사례로 볼 수 있을 것이다. 그는 덩샤오핑(鄧小平)의 집권에 따라 개혁개방정책으로 전환한 후 복권되었고 고령의 나이에 1980년대 초 새로 조직된 '중국정치학회'의 명예회장과 중국정법대학 명예교수로 추대되어 부활된 정치학의 발전을 위해 여생의 노력을 다했다. 특기할 것은 그가 죽기 9년 전인 1981년 81세의 나이에 중국공산당에 가입했다는 사실이다.[29] 첸두안성 탄생 100주년을 기념하는 학술대회에서 미국 캘리포니아대학(UC버클리) 명예교수 스칼라피노(Robert A. Scalapino)는 그를 '20세기 중국 지식인의 용기와 인내를 보여

27 Charlmers Johnson, 앞의 글, 1961, pp. 48-50.

28 錢端升, "我的罪行," 「人民日報」(1957년8월 6일자)(위의 글 p. 52에서 재인용).

29 趙寶煦, "拳拳愛國心殷殷報國情," 趙寶煦 等 編, 『錢端升先生紀念文集』(北京: 中國政法大學出版社, 2000), p. 27.

준 모범'이라고 평가하면서 절망적인 암흑의 시대에 확고한 정치적 가치관과 국가 혁신의 꿈을 간직하고 중국의 희망을 포기하지 않고 죽는 날 까지 의연히 정부에 공헌할 길을 추구했던 지식인 이었다고 회고했다.[30] 그의 삶이 정치적으로는 변절의 일생이었지만 학문적으로는 당파를 뛰어넘은 일관된 추구였다고 변호될 수도 있겠다.

4.루오롱지(羅隆基): 변혁형 반체제 중간파

루오롱지(1898-1965)는 여기서 살펴보는 세 사람 중 가장 현실정치 참여에 적극적이었던 정치학자다. 그의 자는 누성(努生)이며 쟝시성(江西省) 출신이다. 그는 사대부 집안의 후예로 그의 부친은 사숙을 열고 학생을 가르쳤던 교육자였다.[31] 루오롱지는 1912년 미국유학 예비학교인 칭화학당에 입학하여 1921년 졸업했는데 재학 중 학생회 회장으로 5·4운동에 참가하는 등 항일 학생운동에서 주도적인 역할을 했다. 그는 1922년 미국으로 유학을 떠났는데 유학생활 중에도 유학생회 조직 활동에 적극적이었다. 이러한 그의 학생활동 경력은 그의 정치가적 자질을 훈련하는 기회가 됐다.[32] 그는 미국의 위

30 羅伯特 A. 斯卡拉皮諾, "憶錢端升教授," 趙寶煦 等 編, 위의 책, p. 23.

31 陳哲夫 等 主編, 『現代中國政治思想流派(下卷)』(北京: 當代中國出版社, 1999), pp. 456-460.

32 謝泳, 『清華三才子』(北京: 東方出版社, 2009), p. 120.

스컨신대(University of Wisconsin)에서 석사학위 과정을 마치고 컬럼비아대의 박사학위 과정에 진학했다. 루오롱지는 박사학위 과정 재학 중 영국으로 가 런던경제정치대학(London School of Economics and Political Science) 래스키(Harold J. Laski) 교수의 사사와 지도를 받고 다시 미국으로 가 1928년 컬럼비아대에서 박사학위를 받았다. 그의 학위논문 주제는 영국 의회정치와 선거제도 연구였다.[33]

루오롱지의 칭화대학 수학, 미국 유학, 그리고 영국 런던경제정치대학 유학 경력은 후에 그의 학문적, 정치적 활동과 관련되는 중요한 배경이 됐다. 루오롱지는 미국 유학을 마치고 1928년 귀국하여 상하이의 광화대(光華大) 정치학과 교수로 취임하였는데 지난대(暨南大)에도 출강했다. 루오롱지는 대학 강의보다는 정치사회 활동에 더 관심을 기울였는데 당시 후시(胡適)가 주도하여 창간한 잡지 『신월(新月)』의 주편을 맡아 많은 정치사회 문제에 관한 평론을 발표했다. 루오롱지는 잡지의 편집 방침을 문예지에서 정론지로 바꾸고 영미의 정치학 이론을 소개하는 글들을 실으면서 래스키의 논문을 번역하여 소개하기도 했다. 그는 자신이 집필한 정치평론을 통해서 국민당 정부의 독재화를 비판하면서 군사통치('武人政治')와 엽관정치('分贓政治')의 폐단을 막는 대책으로 선거와 고시(考試) 제도를 통해서 인재를 등용하는 '직업으로서의 정치(專家政治)'를 주장하기도 하고 법치와

33 孫宏雲, "民主社會主義與民國政治: 拉斯基在中國的影響," 『二十一世紀評論』(2008年 8月號).

언론자유를 강조하는 '인권론(人權論)'을 펴기도 했다.[34]

당시 루오룽지의 언론을 통한 정치사회 참여 활동은 기본적으로 자유주의 지식인의 입장을 지키고 공산주의에 대한 반대를 분명히 하고 있었지만 적극적인 정부 비판 때문에 정권의 탄압을 면할 수 없었다. 그는 1930년 11월 '정부 지도자 모독'과 '언론반동'의 혐의로 경찰에 체포되었다가 구명운동으로 풀려났지만 대학교수직을 사퇴해야만 했다. 대학교수직에서 쫓겨난 그는 티엔진(天津)과 베이징으로 가 '익세보(益世報)'와 '신보(晨報)' 의 주편을 맡는 등 본격적인 언론인으로 활동하면서 더욱 격렬하게 장제스 정권을 비판했다. 그는 1934년 장쥔마이(張君)와 장둥순(張東蓀) 등의 주도로 비밀리에 조직된 '국가사회당(國家社會黨)'에 가입했다. 루오룽지는 1930년대 말 잠시 쿤밍의 서남연대 정치학과 교수직에 취임하여 대학 강단에 복귀하였는데 중일전쟁이 격화되면서 항일이 우선이라는 명분으로 '국민참정회' 참정원으로 참여하기도 했다.

1940년대 초 장제스 국민당 정부가 항일전쟁 수행 과정에서 독재체제를 강화하면서 개인 독재 및 정부 부패에 대한 비판과 지식인 이반현상이 가속화 되었었다. 루오룽지는 당시 자유주의 지식인들이 참여하는 대표적인 정론매체로 첸두안성이 주편을 맡고 있던 『금일평론(今日評論)』 지에 헌정 실시를 촉구하면서 '연합정부(聯合政府)'와 '다당정치(多黨政治)'를 주장하는 글들을 발표하여 장제스 정권

34 謝泳, 앞의 책(2009), pp. 140-141.

비판에 앞장섰다. 1941년 총칭의 국민당 정부는 서남연대 당국에 압력을 행사하여 루오롱지를 교수직에서 해임토록 하는 한편 동 잡지를 정간시키는 조치를 취했다.[35] 대학교수직에서 또다시 해임된 루오롱지는 본격적인 정치활동가로 나서 정당정치 활동에 주력하게 된다. 그는 1941년 총칭에서 '3당 3파'의 연합으로 결성된 '민주정단동맹(民主政團同盟)'의 선전부장을 맡았다. '민주정단동맹'은 '농공민주당(農工民主黨)' '청년당(青年黨)', '국가사회당(國家社會黨)', 그리고 '중화직업교육사(中華職業教育社)', '향촌건설파(鄕村建設派)', '구국회(救國會)'가 연합하여 결성되었는데 1944년 10월 '중국민주동맹'(약칭 民盟)으로 개칭되었다.

루오롱지는 본격적인 정치활동가로 나서면서 독재반대 운동에서 나아가 적극적으로 국민당도 공산당도 아닌 중도적인 '제3의 길(第三條道路)' 정치노선을 모색하게 된다. 이 때 그는 '중간파(中間派)'라는 말을 즐겨 사용하며 제3당 건설에 매진했다. 그는 국민당과 공산당 간의 무력 대치와 충돌을 완충하고 내전을 방지하기 위해서는 '군의 국가화'가 필요하며 제3 정당의 역할이 필요하다고 주장하였다. 그는 국민의 90%이상이 무당파이기 때문에 제3 정당의 대중적 기반을 확보하는 것은 어렵지 않을 것이라는 낙관적 전망을 하고 있었다.[36] 중국의 학자들은 당시 루오롱지의 정치사상적 입장을 '부르주와 자

35 許紀霖 等,『近代中國知識分子的公共交往: 1895-1949』(上海: 上海人民出版社, 2008), pp. 393-394.

36 陳哲夫 等 主編, 앞의 책(下卷), pp. 483-488.

유파(資産階級自由派')로 규정한다.[37] 그의 정치적 이념과 노선은 기본적으로 계급투쟁, 유물사관, 프롤레타리아독재, 그리고 공산당의 영도를 부인하는 반 마르크스주의적 입장에서 평화적 개량주의적 수단을 통해서 서방식의 의회정치 제도와 공화제를 추구하는 것이었다. 그는 '소련식 경제 민주'와 '영미식 정치 민주'를 결합하여 국민당도 아니고 공산당도 아닌 노선 , 즉 영미 자본주의와 소련 사회주의 중간에서 새로운 '제3의 길'을 찾으려 했다는 것이다.[38]

루오룽지는 2차 세계대전 종전 후 1946년 초 이른바 '구 정협'에 '민맹'의 대표로 참석했다. 그는 처음 기대를 가지고 국민당과 공산당의 중간에서 내전을 방지하고 평화와 민주의 국면을 타개해 나가기 위한 적극적인 역할을 모색했다. 그러나 협상이 결렬되고 국공내전이 확대됨에 따라 장제스 정권은 '민맹'을 불법단체로 규정하게 되고 '민맹'은 1948년 5월 샹강(香港)에서 회의를 열고 '반장반미(反蔣反美)'를 선언하고 공산당을 지지하는 성명을 발표하기에 이른다. 그때 루오룽지는 상하이에서 연금 상태에 있었기 때문에 동 회의에 참가하지 못했고 따라서 민맹의 '반미' 입장에 대해서 찬성하지 않는다는 성명을 발표하기도 했다. 당시 미국의 정책은 중국에 대한 소련의 영향력 확대를 막기 위해서 국공합작을 적극 추진하는 것이었다. 루오룽지는 국공합작을 추진하기 위해서 파견된 미국 트루먼 대

37 위의 책, pp. 453-455.

38 위의 책, pp. 484-485.

통령의 특사 마샬(George C. Marshall)과 그리고 옌징대학(燕京大學) 교장으로 있다가 미국 주중대사로 임명된 스튜아트(John Leighton Stuart)와 개인적인 친분도 있었고, 또 미국의 정책에 부응함으로써 소수파인 민맹의 정치적 입장을 강화할 수 있으리라는 기대도 가지고 있었다. 당시 미국은 국공합작 추진이 난항에 봉착하자 이른바 '중간파' 인사들을 중재자로 내세워 내전종식과 통일정부 수립을 위한 협상을 시도했지만 성과를 거두지 못했다.[39]

장제스 국민당 정부는 1949년 초 전세가 불리하게 전개되자 장제스가 잠시 후퇴하고 부총통이었던 리종런(李宗仁)이 '대리총통'으로 취임하여 국공합작을 위한 국면 타개를 시도했다. 리종런은 대외적으로는 소련과 협상하면서 미국의 원조를 획득하려는 외교에 집중하고 대내적으로는 중간파 정치세력으로 부터의 지지를 추구했다. 그러나 리종런의 그러한 시도는 미국의 소극적 태도와 공산군의 적극적 공세로 인한 내전의 격화로 실패했고 중간파 정치세력의 입지도 매우 궁색하게 되었다. 당시 장제스와 리종런은 미국의 지원이 승패의 관건이라고 보고 각각 미국원조 획득을 위한 외교 경쟁을 벌였는데 이는 국민당 내 두 사람 간의 권력 경쟁이기도 했다. 리종런은 당시 미국에게 10억 달러의 차관을 요청했는데 미국은 국민당 정부의 부패를 이유로 원조에 대해서 소극적인 태도를 견지했다. 리종런은 후에 그의 회고록에서 만약 당시 미국이 자신의 대리총통 체

39 Department of State, China White Paper: August 1949 (Stanford: Stanford University Press, 1967), pp. 201-202..

제를 지지하고 원조를 제공해 주었다면 국민당과 공산당 간의 담판이 성공했을 것이며 다라서 자신과 마오쩌둥이 장강(長江)을 경계선으로 하여 중국을 남북으로 분할하는 분단국가 체제가 확립됐을 것이라는 가설을 말하기도 했다. 리종런은 1949년 말 타이완으로 가지 않고 미국으로가 망명생활을 하다가 1965년 베이징으로 귀국하여 1969년 사망했다.[40] 1949년 내전이 공산군의 승세 국민당군의 패퇴 국면으로 바뀌면서 다수 민주당파 인사들은 비밀리에 공산당 측과 접촉하고 지지를 선언했다. 루오롱지도 공산당 주도로 베이징에서 소집된 이른바 '신 정치협상회의'에 참가하고 사회주의정권 수립 과정에서 자신의 적극적인 역할을 모색했다. 당시 공산당은 '통일전선 전술'로 민주당파 지식인과 국민당을 이탈한 정치세력들을 적극적으로 포섭하여 새로운 정권의 지지 기반을 확대하고 정당성을 강화하려는 의도가 있었기 때문에 그들을 환영하였다.

루오롱지는 민맹의 부주석으로 민맹 내부에서 공산당과 협력하여 정권에 참여하는 세 가지 조건을 주장했다. 즉, 새 정부는 '친소 일변도' 외교정책을 추구하지 않을 것, 민맹 맹원과 공산당 당원은 조직적으로 구별돼야 하며 성원이 피차 섞여서는 안 될 것, 그리고 민맹은 자신의 정치강령을 가지고 공산당과 협의하며 공산당이 그를 수락하지 않으면 반대당의 역할을 추구할 것 등이었다. 다시 말해서 그는 민맹이 공산당과 대등한 입장에서 정권에 참여하는 '연합정부'

40 李宗仁 (唐德剛 撰寫),『李宗仁回憶錄』(桂林: 廣西師範大學出版社, 2005), pp. 714-715.

를 구상하고 있었던 것이다. 그는 당시 연합정부 수립을 주장하면서 조우은라이(周恩來)와 다음과 같이 논쟁을 벌였다고 한다. 즉 "당신은 난카이대 출신이고 마오쩌둥은 베이징대 출신이며 나는 칭화대 출신인데 무산계급 대표와 민족자산가 대표를 구분한다는 게 무슨 의미가 있는가. 공산당도 일부 인민을 대표하고 민주당파들도 일부 인민을 대표하는 것이다. 공동으로 협력하여 연합정부를 조직해야 한다"는 취지의 얘기를 했다는 것이다. 이러한 루오롱지의 정치적 입장은 1957년 반 우파 운동 때 노골적으로 공산당의 영도를 거부한 태도로 비판받는 이유가 되었다.[41]

루오롱지는 사회주의 정권 하에서 정무원 정무위원과 산림공업부장에 임명되어 정부 내각에 참여하였고 1954년 제1기 전국인민대표대회의 대표로 선출되었다. 그러나 정권 초기의 공산당과 민주당파 간의 밀월관계는 1957년 반우파 운동을 계기로 파탄이 났다. 민맹은 반우파 운동의 주요 대상이었고 특히 민맹의 주석을 맡고 있었던 장보쥔(章伯鈞)과 부주석을 맡고 있었던 루오롱지는 대표적인 '반당 반인민 반사회주의 우파분자'의 두목으로 지목되었다. 그러나 실제로 민주당파 내부적으로는 장보쥔과 루오롱지가 각각 정치노선을 달리하면서 리더십 갈등을 빚고 있었다. 즉 장보쥔은 공산당과의 협조를 강조하던 현실주의적인 좌파로 민주당파 내의 실권파 주류였고 루오롱지는 공산당과의 관계에서 민맹의 보다 독자적인 입장을 강조

41 章詒和,『往事並不如煙』(臺北: 時報文化出版社, 2004), pp. 357-358.

하던 이상주의적인 우파로 민주당파 내의 비주류였었다.[42]

당시 민맹은 공산당의 지시에 따라 정풍활동을 벌여 루오롱지를 비판했다. 그에 대한 비판의 요지는 그가 중간노선을 추구한 '기회주의자(投機分子)'이며 공산당의 영도을 반대했다는 것이었다. 그에 대한 비판 활동에는 그와 친밀했던 동료와 친지까지 내세워졌다. 예컨대 그의 오랜 학문적, 정치적 동지였던 사회학자 페이샤오퉁(費孝通)을 내세워 그가 공산당과 지식인 간의 관계를 이간시켰다고 비판하게 하고, 심지어는 그와 10여 년간 동거하며 사실상 한 가족으로 지냈던 여자 친구(정식으로 결혼은 하지 않았지만 사실혼의 관계였던)를 내세워 그의 사상과 정치노선을 비판하도록 꾸몄다. 루오롱지는 두 번이나 이혼하는 등 순탄치 못한 가정생활 속에 살았고 만년에는 자녀도 없이 독신으로 살다 생애를 마쳤다. 그의 비판에 동원됐던 그의 여자 친구는 루오롱지가 지주 가정 출신으로 공산당에 대한 원한을 가지고 있다고 고발하면서 그 증거로 다음과 같은 일화를 말했다. 즉 그녀가 1949년 상하이에서 입원 중인 루오롱지를 문병하러 갔을 때 새로 구입한 빨간 색의 구두를 신고 갔었는데 루오롱지가 크게 화를 냈던 사실을 언급하면서 그가 빨간 색을 싫어하는 것은 공산당에 대한 적대감의 발로였다는 증언이었다.[43]

루오롱지는 그러한 비판들을 인정하지 않았지만 결국 정무원 산

42 위의 책, pp. 353-354.
43 위의 책, p. 364.

림공업부장과 전국인민대표대회 대표, 그리고 민맹 부주석 직에서 물러나게 되었다. 그 후 그는 샹강의 한 신문사로부터 사장직으로 초청받기도 하고 또 중국 정부 당국으로부터 타이완으로만 가지 않는다는 조건으로 출국 허용 제의도 받았지만 거절했다고 한다.[44] 그는 지병이었던 심장병으로 1965년 세상을 떠났다. 그는 아직 정치적으로 정식 복권되지 않았지만 1986년 민맹 중앙위원회가 주관한 그의 탄생 90주년 기념행사를 계기로 사실상 복권되어 '애국민주인사 정치활동가'로 재평가되었다.[45] 루오롱지의 일생은 '학자 정치 참여(書生參政)'의 실패, 그리고 현실정치에 참여한 정치학자의 비극적 결과를 보여준 한 사례이다. 그는 일관되게 민주, 헌정, 인권, 자유, 평화의 가치를 추구하는 정치에 투신했지만 국민당과 공산당의 양쪽으로부터 기회주의자로, 순진한 이상주의자로, 또는 엘리트의식에 젖은 정치적 야심가로 비판받았다. 그는 타협과 협상의 정치를 추구했지만 무원칙한 기회주의자는 아니었으며, 이상과 원칙을 강조한 이론가였지만 고담준론에 머물지 않았고 실천적인 방도를 중시했다. 그의 포용력과 군자의 풍도 결여가 인간적인 약점으로 지적되기도 했다. 루오롱지의 인품에 관한 지인들의 평가는 한마디로 '인품보다 학문이, 학문보다 재기가 앞서는(才高于學,學高于品)'사람이라는

44 葉永烈, 『沈重的1957』(南昌: 百花州文藝出版社, 1992) p. 34; 謝泳, 政治與學術之間: 羅隆基的命運(http://www.observechina.net(2010. 7. 1검색).

45 「人民日報」(1986년 10월 25일자)(謝泳, 앞의 책(2009), p. 118에서 재인용).

것이다.[46] 그러한 개인적 평가 때문에 애국심을 가지고 국가사회에 봉사하려고 노력했던 그의 지사풍 공인의식이 훼손되어서는 안 될 것이다.

5. 학문태도와 참정의 방식

위에서 중국의 대표적인 초창기 정치학자 세 사람의 학문적 정치적 삶을 통해서 초기 중국정치학의 편모를 살펴보았다. 세 사람의 정치학자는 정치사회적 그리고 지적인 격변기를 살았던 동시대인들이었다. 그들은 학문으로서의 정치학을 추구하면서 또 한편으로 혁명과 전쟁, 그리고 정권 투쟁의 현장에서 정치사회적 실천에 관여되는 운명을 피할 수가 없었다. 세 사람은 분단국가 체제가 수립되기 전에는 다 같이 공산당을 지지하지 않았지만 국민당 정권을 비판하였고 결국 대륙에 남아 사회주의 정권에 참여했던 점에서 공통점이 있다. 서구에서 정치학을 배운 자유주의 지식인으로서 민주주의에 대한 확고한 신념을 가지고 있었던 그들이 왜 대륙에 남아 공산당과 협력하며 정권에 참여했을까? 이와 관련하여 몇 가지 가능성이 있는 이유를 추측해볼 수 있겠다.

첫째로 당시 그들이 처했던 정치적 입장이 선택의 여지를 제한했

46 陳圭德, "羅隆基:人權理論家與政治活動家" http://www.observechina.net(2010. 7. 1 검색).

다는 점이다. 그들은 줄곧 국민당 특히 장제스에 대한 비판과 반대의 입장을 견지했었기 때문에 타이완으로는 가고 싶지 않았고 또 관용과 협조가 기대되지도 않는 상황에서 갈 수도 없었을 것이다. 그러나 공산당 측에서는 그들을 '민주인사'로 우대하는 호의적 태도를 보였던 것이다.

둘째로 그들의 일반적인 사회주의에 대한 호감과 좌파적 정서가 그들의 정치적 선택에 영향을 미쳤다는 점이다. 그들은 물론 자유주의자로서 그리고 자본주의적 가치를 신봉하는 입장에서 공산당에 대한 지지를 적극적으로 행동화하기에는 다소의 갈등을 느끼고 있었겠지만 영국 노동당의 정책노선과 페이비안 사회주의에 호감을 가지고 있었던 민주 사회주의적 이념적 정서 때문에 어렵지 않게 친공산당 입장으로 기울수가 있었을 것이다.

셋째로 그들은 미국 등 외국으로의 망명을 선택할 수도 있었는데 그렇게 하지 않았던 것은 그들이 가지고 있던 전통적인 '사대부 의식' 즉 지식인의 사회적 책임의식과 공적 봉사정신의 발로로 설명될 수 있다는 것이다.[47] 그들에게는 정치권력을 순치함으로써 왕도정치(王道政治)를 구현하려 했던 전통적인 사대부적 사명감과 같이 정치적 이해관계를 따지기 전에 명분과 의리를 우선시하는 지사적인 지식인의 기풍이 체질화돼 있었다. 아마도 그들은 격동의 시대를 냉철하게 읽고 대처하는 지혜로운 통찰 보다는 역사의 물결 속에 몸을 던

47 劉曉波, "章詒和筆下的章·羅之爭" (http://www.observechina.net(2010. 7. 1 검색).

져 뛰어드는 뜨거운 열정에 더욱 사로잡혔을 것이다.

넷째로 그들이 대륙에 남아 새로운 정권에 참여했던 배경에는 기존의 정치적 당파들에 대해서 갖고 있던 학자적 비당파적 태도가 작용했을 것이라고 본다. 세 사람은 어느 당파에도 가담하지 않는 무당파 입장을 고집하기도 하고 기존 당파를 구별하지 않는 초당파적 처신을 보여주었는가 하면 또 당파들 간의 절충과 타협을 추구하기도 했던 점으로 미루어 보면 그들이 체제 선택과 그 실제적 결과에 대해서 순진하게 생각했거나 심각하게 고민하지 않았을 수도 있다.

다섯째로 생각해 볼 수 있는 것은 그들의 정치적 선택에서 개인적 사적인 이유를 완전히 배제할 수 없을 것이라는 점이다. 실제로 1949년 중국 지식인들의 선택을 앞 둔 고민 가운데는 사적인 가정적인 문제가 많은 부분을 차지했다는 것이다. 즉 당시 지식인들은 전시에 식솔들을 이끌고 이사를 다니면서 타향살이 피난살이 하는 것, 그리고 가족들이 서로 헤어져 사는 것에 염증을 느꼈고 전후에는 안정된 가정생활을 되찾기를 원했다는 것이다(傅國湧, 2010).

어찌됐던 이들 세 사람은 다 같이 학문의 세계와 정치의 세계를 넘나들면서 인생을 보냈다는 공통점이 있다. 그러나 이들 간에는 학문과 정치를 연관시키는 삶의 방식 즉 추구한 정치적 가치와 노선 그리고 정치참여의 태도에 있어서 다소의 차이를 보여주었다. 그러한 차이는 학문적 배경과 정치참여의 동기 그리고 개인적 성향의 차이와 관련된다고 볼 수 있을 것이다. 장시루오의 경우는 혁명 활동 참여를 경험한 후 학문에 입문하였다는 점이 다른 사람과 다르다.

그의 학문 활동은 학문자유의 입장을 견지하는 '계몽적 아카데미즘'의 한계를 지켰으며 정치참여는 무당파의 입장으로 일관하면서 '체제 순응형' 태도를 보였다. 첸두안성의 일생은 학문 중심으로 일관하였고 정치참여는 불가피한 주변적 문제였다. 그는 '비판적 아카데미즘'의 입장 때문에 정치에 관여되었고, 국민당, 민맹, 공산당을 전전하는 변절의 정치적 행로를 걸었지만 초당파적인 입장에서 '체제 비판형' 참여 태도를 보였다고 볼 수 있다. 루오룽지는 학문 활동 보다는 정치 활동 위주의 삶을 살았다. 그의 학문 활동은 학생 시절부터 시작하여 언론계 또는 대학 재직 시에도 적극적으로 정치사회 문제에 참여하는 경력을 쌓았을 뿐만 아니라 본격적인 정치활동가로 나섰다는 점에서 '변혁적 아카데미즘'의 입장으로 규정할 수 있다. 그의 정치참여 방식은 기존 당파들과 다른 독자적인 중간노선을 모색하면서도 기존체제에 대한 순응이나 비판에 머물지 않고 새로운 대안을 추구했다는 점에서 '체제 창조형' 태도로 볼 수 있다.

결과적으로 세 정치학자의 선택은 그들의 명운이 됐다. 그들은 스스로의 선택을 후회할 겨를도 없이 가혹한 정치 현실에 직면해서 살아갈 수밖에 없었고 그들의 삶은 그러한 선택을 정당화 하기위한 고투였던 것이다.